대한제국부터 남북 화해 시대까지
한국사편지
5

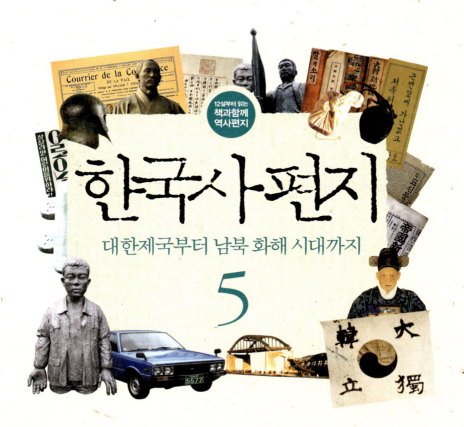

12살부터 읽는 책과함께 역사편지

한국사 편지

대한제국부터 남북 화해 시대까지

5

박은봉 지음

책과함께 어린이

머리말

20세기 한국사와 우리의 미래

드디어 우리의 역사 여행을 끝낼 때가 되었구나. 까마득한 원시 시대부터 시작하여 삼국 시대, 고려 시대, 조선 시대를 거쳐 20세기에 이르렀어. 20세기는 서양에게는 온 세계를 집어삼킬 듯 강력한 힘을 내뿜는 시대였지만, 우리나라를 비롯하여 아시아, 아프리카에게는 고난의 시대였단다.

어째서 같은 20세기가 서양에게는 힘을 내뿜는 시대이고, 아시아, 아프리카에게는 고난의 시대가 되었을까? 무엇이 동양과 서양을 다르게 만들었을까? 또, 그 시대 사람들은 어떻게 살았을까? 궁금한 점이 참 많을 거야. 20세기는 우리 할머니와 할아버지가 살았던 시대이기도 해. 그러니까 그 시대를 충분히 알고 나면 우리 할머니 할아버지를 좀 더 잘 이해할 수 있겠지?

《한국사 편지 5》는 20세기 초부터 지금 세운이가 살고 있는 21세기 초까지 백 년의 역사를 다루고 있어. 다시 말하면 할머니 할아버지, 엄마와 아빠, 그리고 세운이로 이어지는 시간의 역사란다. 그 백 년 동안 우리는 일본의 식민지, 6·25 전쟁과 남북 분단을 겪었어. 즐겁고 신나기보다는 슬프고 답답한 일이 많았어. 그래도 사람들은 희망을 잃지 않았단다. 그랬기에 세운이가 살고 있는 현재가 있는 거야.

《한국사 편지 5》에는 17통의 편지가 담겨 있어. 그중 11통은 식민지 시절의

이야기이고, 나머지 6통은 8·15 해방 후부터 2000년대까지의 이야기야. 월드컵이나 아시안 게임처럼 세운이가 직접 체험한 이야기도 들어 있어. 그런 대목을 읽을 땐 무척 반갑고 신나겠지? 엄만 이 책이 세운이가 과거에서 현재로, 또 미래로 이어지는 역사의 흐름을 깨닫는 데 쓸모 있는 길잡이가 되었으면 참 좋겠다.

자, 지금 엄마는 마지막 편지를 쓰고 있어. 기분이 어떠냐고? 행복하기도 하고 아쉽기도 해. 편지를 쓰면서 세운이와, 그리고 또래 친구들과 아주 가까워진 것 같은데 이제 더는 쓰지 않는다고 생각하니 아쉽고, 다섯 권에 걸친 기나긴 글쓰기를 마치게 되어 행복하기도 하단다. 세운이 기분은 어떠니?

앞으로 세운이와 또래 친구들은 엄마 세대와는 비교할 수 없을 만큼 빠른 속도로 변화하는 국제화 시대에서 살게 될 거야. 그럴 때일수록 자기 나라 역사와 문화에 밝아야 한단다. 제 나라 역사와 문화조차 모르는 사람이 국제 사회에서 자기 자리를 제대로 찾기란 낙타가 바늘구멍 들어가기보다 어려울지 몰라. 자, 세운이와 친구들의 희망찬 미래를 위해, 파이팅!

2003년 겨울
엄마가

차례

나라를 빼앗기다 ……………………………… 008
헤이그로 간 세 사람의 특사 _ 024

나라를 지키려는 몸부림 …………………… 026
윤희순과 '안사람 의병단' _ 042

만주를 뒤흔든 구국의 총소리 …………… 044
"배운 사람 노릇하기 어려워라!" _ 060

아 이천만 동포여, 일어나거라 …………… 062
기생이 앞장선 독립 만세 _ 078

독립군의 두 별, 홍범도와 김좌진 ……… 080
조선의용군 부녀 대장, 이화림 _ 094

방정환과 '어린이날' …………………………… 096
김소월과 《진달래꽃》 _ 110

관동 대학살과 연해주 강제 이주 ……… 112
하와이로 간 사진 신부들 _ 126

근대 역사학의 아버지 신채호 …………… 128
'아픔'과 '피'의 우리 역사 _ 142

임시 정부의 밑거름이 된 이봉창과 윤봉길 …… 144
광복군 OSS _ 158

세계를 놀라게 한 조선인들 ····· 160
　상하이의 조선인 영화 황제, '김염' _ 174

끌려간 젊음과 비굴한 친일파 ····· 176
　친일파를 처벌하자! '반민 특위' _ 190

해방, 그러나 남북으로 갈린 나라 ····· 192
　'사회주의'란 무엇인가? _ 206

38선을 넘는 김구 ····· 208
　제주도 4·3 항쟁 _ 222

민족을 둘로 가른 전쟁, 6·25 ····· 224
　두 여중생의 죽음과 '소파(SOFA)' _ 238

경제 성장의 빛과 그늘 ····· 240
　다문화 가정도 우리 이웃 _ 254

민주주의를 위하여 ····· 256
　월드컵과 민주주의 _ 271

통일을 위한 만남 ····· 272
　통일을 위하여 _ 288

　● 찾아보기 _ 290
　● 사진과 그림 제공, 출처 _ 298

나라를 빼앗기다 1905년

조약이 강제로 맺어진 때가 1905년 을사년 11월 18일 새벽 2시쯤.
이 조약을 '을사조약'이라고 해.
을사조약은 강제로, 또 일방적으로 맺어진 조약이었어.
이 조약으로 우리나라는 외교권을 일본에 넘겨주고 말았단다.
그런데 이런 어이없는 일이 일어날 때까지
우리나라는 대체 무얼 하고 있었을까?

1907년
대한제국
국채 보상 운동

1909년
대한제국
안중근, 하얼빈에서 이토 히로부미 저격

1905년
대한제국 을사조약 강제로 맺어짐

"엄마, 할머니가 그러시는데, 할머니 어렸을 때는 일본 사람 밑에서 살았대.
학교에서도 일본 말만 써야 했고, 선생님도 일본 사람이었대."

"그랬단다. 그땐 우리가 일본의 지배를 받는 식민지였기 때문이야."

우리 역사에서 가장 고통스럽고 가슴 아픈 시기는 우리나라가 일본의 식민지가 된 때야.

왜 이런 일이 일어났을까? 왜 어느 나라는 다른 나라를 짓밟고,

또 어느 나라는 식민지가 되어 남의 지배를 받아야 했을까?

20세기 초반에 강대국의 식민지가 된 건 우리뿐이 아니었어.

인도, 베트남, 인도네시아, 필리핀 등 아시아와 아프리카의 여러 나라들이

영국, 프랑스, 독일, 미국 등 강대국의 식민지가 되었지.

그런데 우리는 같은 동양이면서, 또 이웃 나라이기도 한 일본의 식민지가 되었어.

일본은 우리보다 약 20년 먼저 나라의 문을 열고 서양 문물을 받아들이기 시작했단다.

그 뒤로 매우 빠르게 변신을 거듭한 끝에,

어느새 서양 강대국들의 흉내를 내어 우리나라를 넘본 거야.

자, 오늘은 우리가 일본에게 나라를 빼앗기게 된 사정을 알아보기로 하자.

1919년
일제 시대
3·1 운동이 일어남

1920년
일제 시대
김좌진, 청산리 전투에서 승리

1923년
일제 시대
방정환, 어린이날 만듦

1923년
일제 시대
일본에서 관동 대학살 일어남

*勒 굴레 늑,
억지로 할 늑

約 맺을 약

중명전

을사조약이 맺어진 장소야. 1900년 러시아 건축가가 지은 서양식 건물이지. 서울 중구 정동에 있어. 사진은 일제 시대에 찍은 거란다. 경운궁(덕수궁)이 마구 잘려 나가는 바람에 오늘날 중명전은 궁궐 밖에 있지만 원래는 이 근처까지 전부 경운궁이었어. 경운궁은 '덕수궁'이라는 이름으로 더 많이 알려져 있는데, '덕수'는 궁궐 이름이 아니라 일본이 고종에게 붙여 준 이름이야. 고종이 살던 곳이라서 덕수궁이라고 부르게 되었어.

● 을사조약이란 말, 들어 봤니? 1905년 을사년에 일본과 강제로 맺은 조약인데, 이 조약은 우리나라를 일본의 식민지로 만드는 첫걸음이었어. 강제로 맺었다는 뜻에서 을사늑약이라고도 해. 을사조약이 어떻게 맺어졌는지 알아보자꾸나.

일본은 을사조약을 맺기 위해 이토 히로부미라는 정치가를 조선에 보냈어. 세운이도 잘 알고 있듯이 이토 히로부미는 나중에 안중근이 쏜 총에 맞아 죽게 돼. 이토 히로부미는 우리에게는 침략자이지만 일본에서는 아주 유명한 정치가란다. 그는 서양의 앞선 문물을 일본에 들여오는 데 앞장섰고, 일본의 헌법을 만들었으며, 일본 수상을 네 번이나 지냈어. 안중근이 이토 히로부미를 죽인 얘기는 나중에 다시 하기로 하고, 을사조약 얘기를 계속하자. 이토 히로부미가 조선에 도착한 건 1905년 11월 9일이었어.

이토 히로부미
이토 히로부미는 을사조약을 맺기 위해 우리나라에 왔어.

외교권을 빼앗아 간 '을사조약'

이토 히로부미는 고종을 만나 말했단다.
"폐하, 저희 일본 제국의 참뜻을 헤아리신다면 조선의 안녕과 보호를 위해 당분간 외교권을 일본에게 맡기시는 것이 좋을 것입니다. …… 승낙하거나 거부하는 것은 폐하의 마음에 달려 있습니다. 그러나 만약 거부하시면 일본 제국 정부는 이미 결심한 바가 있으니 그 결과가 과연 어떨지 생각하셔야 합니다. 아마 조약을 맺는 것보다도 더 불리한 결과를 각오하지 않으면 안 될 것입니다."

말투는 정중했지만 내용은 협박이나 다름없었어. 조선의 외교권을 일본에게 넘기는 조약을 맺자는 협박이었지. 그런데 외교권은 아주 중요한 권리야. 한 나라가 다른 나라와 동등한 위치에서 외교를 할 수 있는 권리거든. 즉, 그 나라가 당당한 독립국임을 뜻하는 권리란다. 따라서 빼앗기면 조선은 더 이상 독립국이 아니라 일본의 간섭과 지배를 받는 나라가 되고 마는 거야. 그러니 이토 히로부미가 말한 '조선의 안녕과 보호'란 것은 사실 우리에게는 외교권을 빼앗긴 허수아비 나라가 된다는 것을 뜻했지.

고종은 이토 히로부미의 협박을 거부했지만, 소용없었어. 이튿날, 일본 군대와 경찰이 궁궐 안팎과 서울 시내 곳곳에 진을 친 가운데, 이토 히로부미는 조선의 대신들을 모아 놓고 조약에 찬성하라고 강요했단다. 대신들이 머뭇거리고 있을 때,

메이지 유신

일본은 1868년 메이지 유신으로 크게 변화했어. 서양 강대국들처럼 법과 제도를 새로 만들고 산업을 발전시켰지. 그리고 산업 발전에 필요한 원료와 시장을 얻기 위해 다른 나라를 침략하는 제국주의 나라로 변신했단다. '메이지'는 당시 일본 천황의 이름이고, '유신'은 새롭게 한다는 뜻이야. 이토 히로부미는 메이지 유신의 핵심 인물이었어.

학부 대신 이완용이 입을 열었어.

"이번 일본의 요구는 어쩔 수 없는 일이라고 생각하오. 일본은 지금까지 청·일, 러·일 두 차례의 전쟁에서 많은 희생을 치르고도 조선을 지키는 데 도움을 주었소. 또한 지금까지 경험으로 보아 갈팡질팡하는 조선의 외교는 동양 평화를 어지럽힐 뿐만 아니라 조선 자체를 위기에 빠지게 했소. 상황이 이러하니 일본이 이 조약을 체결하고자 하는 것은 어쩔 수 없는 일이오."

도대체 일본의 대신인지 조선의 대신인지 알 수 없는 말이지 뭐냐. 이완용의 말을 듣고 참정 대신 한규설이 소리쳤어.

"여러 대신들은 이 조약안의 내용을 이해나 하고 그런 말씀을 하시는 게요! 안 되오! 이 조약에는 절대로 찬성할 수 없소이다!"

그때 이토 히로부미가 버럭 화를 냈어.

"여러 대신들께서는 가부를 잘 결정하시오. 그리고 이 조약은 반드시 이루어져야 함을 잊지 마시오. 만일 일본을 우습게 보면 나 이토가 천황 폐하의 이름으로 가만있지 않을 것이오!"

결국 외부 대신 박제순, 내부 대신 이지용, 학부 대신 이완용, 군부 대신 이근택은 찬성했고, 참정 대신 한규설, 탁지부 대신 민영기는 반대했으며, 농상공부 대신 권중현은 반대하다가 찬성으로 의견을 바꿨어.

황제 옷을 입은 고종
1897년 대한제국을 선포하고 황제에 오른 고종은 서양식 제복을 황제 옷으로 삼았단다.

이완용과 한규설

이완용은 을사조약과 한일 병합 조약에 앞장섰고, 한규설은 을사조약에 반대하다가 파면당했단다. 오늘날 이완용은 나라를 팔아먹은 친일파로 손가락질 받고 있고, 한규설은 애국지사로 인정받고 있지.

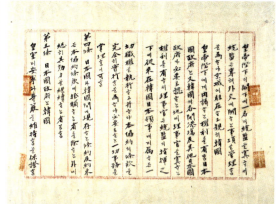
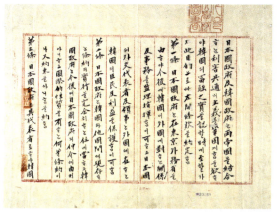
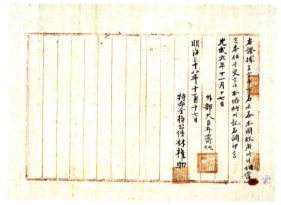

을사조약 전문
대한제국은 일본의 허락 없이는 어떤 나라와도 조약을 맺지 못하며,
일본이 대한제국의 외교를 맡아 처리한다는 내용이야.
그런데 고종이 조약을 승낙한다는 증명서나 서명도 없어. —독립기념관

  그러자 이토 히로부미는 외부 대신 박제순의 도장을 빼앗아 조약 문서에 찍었단다. 원래 고종의 승낙 없이는 어느 누구도 함부로 도장을 찍을 수 없게 되어 있었지만, 이토 히로부미는 막무가내였어. 이렇게 조약이 강제로 맺어진 때가 1905년 을사년 11월 18일 새벽 2시쯤. 이 조약을 '을사조약'이라고 해.
  을사조약은 강제로, 또 일방적으로 맺어진 조약이었어. 이 조약으로 우리나라는 외교권을 일본에게 넘겨주고 말았단다. 그런데

강제로 맺은 을사조약
이토 히로부미가 조선 대신들을 모아 놓고 을사조약에 찬성하라고 말하고 있어. 결국 이토가 외부 대신 박제순의 도장을 빼앗아 조약 문서에 찍었단다.

이런 어이없는 일이 일어날 때까지 우리나라는 대체 무얼 하고 있었을까?

강대국들의 다툼 속에 선 대한제국

을사조약을 맺을 당시, 우리나라의 정식 이름은 '대한제국'이었어. 대한제국은 황제의 나라였어. 그러나 이름은 거창했지만 일본을 막아낼 만큼 튼튼한 나라가 아니었단다. 더구나 당시 국제 정세는 날로 일본에 유리하게 변해 가고

러·일 전쟁

러·일 전쟁은 일본이 러시아와 벌인 전쟁이야. 1904년 2월에 시작되어 1905년 7월에 일본의 승리로 끝났단다. 그리고 나서 겨우 두 달 뒤, 일본은 을사조약을 우리에게 강요했어. 사진은 당시 프랑스 신문에 실린 일본과 러시아의 평안도 정주 전투 장면이야.

제국주의

19세기 말부터 20세기 초 강대국들이 자기네 상품을 내다 팔기에 좋고, 또 상품 만드는 데 필요한 원료가 풍부한 나라를 강제로 지배하여 식민지로 만든 것을 '제국주의'라고 해. 영국, 프랑스, 독일, 이탈리아, 러시아, 일본 등이 대표적인 제국주의 나라였단다. 제국주의 나라들은 좀 더 많은 식민지를 차지하기 위해 경쟁하면서 쉴 새 없이 전쟁을 벌였어.

있었어. 미국과 영국을 비롯한 서양 강대국들이 일본 편을 들기 시작했단다. 왜냐고? 미국과 영국은 아시아에서 러시아의 힘이 너무 세질까 봐 러시아를 막으려고 일본 편을 들어준 거야.

일본이 을사조약을 맘껏 밀어붙일 수 있었던 건 미국과 영국 등 강대국들이 대한제국을 집어삼키려는 일본의 야심을 알면서도 눈감아 주었기 때문이란다. 미국은 '카쓰라·태프트 밀약'으로, 또 영국은 '2차 영·일 동맹'으로 일본을 지지해 주었어.

'카쓰라·태프트 밀약'이란, 러·일 전쟁이 한창이던 1905년 7월 미국 국무 장관 태프트와 일본의 외상 카쓰라가 비밀리에 만나 맺은 조약이야. 조약의 내용은 일본이 대한제국을 지배하는 것, 그리고 미국이 필리핀을 지배하는 것을 서로 인정해 주자는 것이었어. 또, 영국과 일본이 맺은 '2차 영·일

동맹'은 일본이 대한제국을 보호국으로 만드는 것을 인정해 준다는 내용이었단다. 지금 생각으로는 너무나 어이없는 일이지만, 그때는 강대국들이 서로 자기 이익을 챙기기 위해 약한 나라를 제멋대로 나눠 먹기 하던 '제국주의 시대'였기 때문에 그런 일이 가능했단다.

일본은 러·일 전쟁에서 승리한 데다가 미국과 영국의 인정까지 받았으니 거칠 것이 없었어. 그래서 의기양양하게 을사조약을 밀어붙여 대한제국을 집어삼켰단다. 그러니까 대한제국이 일본의 손아귀에 들어간 건 영국, 미국 등 서양 강대국들의 이해 다툼의 결과라고도 할 수 있어. 저마다 제 나라의 이익을 위해 대한제국을 일본의 손에 넘겨준 거나 다름없으니까. 물론, 가장 큰 문제는 그런 처지를 이겨 낼 힘도 준비도 부족했던 대한제국 자신에게 있었지만 말야.

쫓겨난 황제, 빼앗긴 나라

을사조약 체결 후 일본은 대한제국을 식민지로 만들기 위한 준비를 착착 진행시켰어. 헤이그 특사 사건을 트집 잡아 고종을 황제 자리에서 물러나게 한 다음, 고종의 아들 순종을 즉위시켰어. 그러나 순종은 이름만 황제일

군대 해산 때 무장 해제당한 대한제국군
일본은 1907년 고종을 황제 자리에서 물러나게 하는 한편 강제로 군대를 해산시켰어.

박승환
일본이 군대 해산령을 내리자 대한제국군 제1연대 제1대대장 박승환은 "군인으로서 나라를 지키지 못하고 신하로서 충성을 다하지 못하면 만 번 죽어도 아까울 것이 없다."는 유서를 남기고 자결했단다.

한·일 병합 조약 원문
1910년 8월 22일 맺어져 8월 29일에 발표된 한일 병합 조약이야. 대한제국의 모든 통치권을 완전히, 그리고 영원히 일본에게 넘겨 준다는 내용이야.
—규장각한국학연구원

뿐 아무런 힘이 없었단다. 일본은 대한제국의 군대도 해산시켰어. 군대가 없어져야 마음대로 대한제국을 주무를 수 있을 게 아니냐.

군대 해산령이 내려지자 대한제국 군인들은 더는 참지 못하고 일제히 봉기하여 일본군과 싸웠어. 장교였던 박승환은 스스로 목숨을 끊어 군인들의 봉기에 불을 지폈단다. 서울 한복판에서 치열한 전투가 벌어졌어. 얼마나 치열한 전투였는지 그 현장을 직접 본 사람의 말을 들어보자.

"그날은 새벽부터 보슬비가 내리기 시작했는데 시간이 지날수록 빗방울이 굵어지고 있었다. 하수구, 하수도마다 빗물이 넘쳤다. 빗속을 뚫고 총소리도 끊이지 않고 들려왔다. 시내는 어디를 가도 물이 무릎까지 차오르고 있었다. 공포의 도가니였다. 그런데 더욱 놀랄 일은 길 위를 강물처럼 도도히 흐르고 있는 것이 알고 보니 온통 핏물이었다는 점이다. 항거하는 우리 군인들과 일본 군인들이 흘린 피가 쏟아지는 빗물에 섞여 피바다를 이루었던 것이다."

싸움 끝에 대한제국군은 일본군에게 지고 말았어. 이제 대한제

국은 외교권도 없고 군대도 없는 나라가 되어 버린 거야. 남은 건 '한·일 병합 조약'에 도장을 찍는 일뿐이었지.

1910년 8월 16일, 일본은 학부 대신에서 총리 대신으로 승진한 이완용에게 병합 조약을 내밀었어. 이틀 뒤 대신들의 회의가 열렸고, 뒤이어 22일에는 순종이 참석한 가운데 다시 회의가 열렸어. 결국 그날, 총리 대신 이완용은 병합 조약에 도장을 찍었단다. 그리고 일주일 뒤인 8월 29일, 순종은 대한제국과 일본을 합방한다

❗ 일본 작위를 받은 조선 사람들

일본은 조선 총독부를 설치해 조선을 다스리겠다고 했어. 그리고 왕족과 관리들 76명에게 일본 천황의 이름으로 작위를 주었단다. 한일 병합에 찬성한 이완용과 이지용은 백작을, 박제순, 권중현, 이근택은 자작을 받았어. 을사조약에 반대한 한규설은 남작을 주었으나 받지 않았지.

마지막 황태자 이은 앞줄 가운데 키 작은 소년이 대한제국의 마지막 황태자 영친왕 이은이란다. 이은은 한일 병합 후 일본으로 유학을 떠났어. 말이 좋아 유학이지 볼모로 간 것이나 다름없었지. 그는 황태자비로 간택된 민갑완과 결혼할 예정이었지만 일본의 방해로 파혼하고, 일본 공주 마사코(한국 이름 이방자)와 결혼했단다.

작위를 받은 76명 가운데 몇몇은 스스로 목숨을 끊음으로써 작위를 거부하기도 하고, 독립 운동에 참여하여 작위를 빼앗기기도 했지만, 대개는 작위를 달게 받았단다. 그뿐 아니라 일본은 지방의 관리, 양반들에게도 돈을 나눠 주었어. 돈으로 꾀어 일본에 반대하지 않게 만들려는 술책이었지.

는 '병합 조약'을 발표했어. 이로써 대한제국은 일본의 식민지가 되었단다. 그래서 8월 29일, 이날을 나라가 수치를 당한 날, 즉 '국치일'이라고 해.

자, 이렇게 해서 대한제국은 일본의 식민지가 되고 말았어. 일본의 식민지 지배는 1910년부터 1945년까지 만 35년 동안 계속되었단다.

"순사가 온다!"

한일 병합 후, 일본은 조선 왕조의 법궁인 경복궁의 건물들을 마구 헐어 내고 그 자리에 조선 총독부를 세웠어. 조선 총독부는 일본 제국주의의 중심이자 상징이었단다. 지금은 철거되어 사라졌지만, 1995년까지만 해도 조선 총독부 건물은 그대로 남아 있었어. 광화문 바로 뒤편에, 주변과는 전혀 어울리지 않는 차가운 회색빛을 내뿜으며 서 있던 조선 총독부 건물을 엄마는 또렷이 기억하고 있어.

만 35년 동안 조선을 다스린 일본 총독은 모두 여덟 명. 하나같이 일본 군인 출신이었어. 일본 군인 출신인 조선 총독들은 칼과 총을 앞세운 채

토지 조사 사업
일본이 '토지 조사령'이라는 법을 만들어서 조선 농민들로 하여금 갖고 있는 토지를 모두 관청에 신고하게 한 것을 말해. 일본은 이 사업이 토지의 주인이 누구인지 확실히 정하고, 또 등록되지 않은 토지를 찾아내 세금을 공정하게 매기는 데 있다고 선전했지만, 사실은 조선의 토지를 빼앗고 조선을 식민지로 다스리기 위해 벌인 것이었어. 사진은 토지 조사 사업으로 토지를 측량하는 모습이야.

조선 총독부

일본 제국주의의 중심인 조선 총독부는 조선을 대표하는 궁궐 경복궁에 자리 잡았어. 사진을 잘 보렴. 광화문과 흥례문이 보이지 않지? 흥례문은 완전히 헐려 나갔고, 광화문 역시 완전히 사라질 뻔하다가 몇몇 양심 있는 일본인들의 반대로 계획을 바꿔 건춘문 북쪽으로 옮겨졌단다. 해방 후 조선 총독부 건물은 중앙청으로, 또 국립 중앙 박물관으로 쓰이다가 1995년 8월 15일에 철거되었어.

조선 총독부 철거 후 복원된 경복궁

광화문과 흥례문이 제자리를 찾았구나. 광화문은 해방 후 1969년에 제자리로 돌아오긴 했지만 정확한 위치와 방향이 잘못되어 원래의 모습을 되찾기 위해 현재 공사 중이야. 흥례문은 2001년에 복원되었지.

조선을 지배했단다. 특히 첫 번째 총독인 데라우치 마사타케는 '토지 조사 사업'을 비롯한 갖가지 식민지 지배 정책을 '칼 찬 일본 경찰'을 앞세워 시행했어.

토지 조사 사업은 조선의 농민들을 더욱 가난하고 살기 어렵게

식민지 교육
제복을 입고 긴 칼을 찬 선생님이 학생들 앞에 서 있어. 일본은 조선을 영원히 식민지로 만들기 위해 조선 어린이들에게 일본어와 일본 노래를 가르치고, 일본에 충성하는 국민이 되라는 교육을 했어. 이러한 교육을 '식민지 교육'이라고 해. 그림은 일제 시대에 우리나라에 온 영국의 화가 엘리자베스 키스가 그린 거야.

만들었어. 수많은 토지가 일본인들에게 넘어갔고, 조선 농민들은 그 밑에서 일하는 소작인이 되었단다. 그나마 소작을 얻지 못한 농민들은 고향을 떠나거나 거지가 되어 떠돌아다니게 되었어. 만주, 연해주, 시베리아 같은 외국으로 살 길을 찾아 떠나는 사람들도 많았지.

그뿐인 줄 아니. 일본은 조선의 농촌은 물론이고 회사, 공장, 학교에 이르기까지 철저하게 감시하고 지배했어. 일본 경찰은 전국 방방곡곡, 농촌부터 산간 마을까지 누비고 다니며 조선 사람들의 생활을 샅샅이 감시하고 간섭했단다. 사람들은 일본 경찰을 '순사'라고 불렀어. 부모들은 아이가 울면 '순사가 온다.'고 겁을 주었단다. 그러면 아이는 울음을 뚝 그쳤어. 순사는 두렵고 무서운 존재였어. 심지어는 학교 선생님도 교실에서 제복을 입고 칼을 찬 채로 학생들을 가르쳤단다. 정말 무시무시했겠지?

헤이그로 간 세 사람의 특사

헤이그 특사의 인터뷰가 실린 신문
세 명의 특사 중 이상설의 인터뷰가 실려 있구나. 1907년 7월 5일자 프랑스 신문이야.

을사조약 2년 뒤인 1907년 6월, 네덜란드의 도시 헤이그에 세 사람의 조선인이 도착했단다. 이 세 사람은 고종의 밀명을 받고 간 특사들이었어. 이름은 이상설, 이준, 이위종. 이들이 머나먼 네덜란드까지 간 까닭은 그곳에서 열리는 만국 평화 회의에 참석하여 세계 여러 나라에 일본의 침략 행위를 고발하고, 잃어버린 외교권을 되찾기 위해서였어.

세 사람은 호텔에 짐을 풀고 활동을 시작했어. 만국 평화 회의 의장인 러시아 대표 넬리도프 백작을 비롯하여 네덜란드 외무 대신 후온데스, 미국과 프랑스, 독일 등 강대국 대표들을 두루 찾아가 도움을 청했어. 그러나 모두 실패했단다. 그때 서양 강대국들은 일본과 가까운 사이였고, 일본이 조선을 보호국으로 만드는 데 이미 동의한 상태였으니, 조선에서 온 세 사람의 말에 귀 기울일 리가 없었지. 그래도 세 사람은 포기하지 않았어. 결국 만국 평화 회의에는 참석하지 못했지만, 여러 나라 신문 기자들이 모이는 자리에서 연설할 기회를 얻었단다. 외국어를 잘하는 이위종이 연설을 했어.

연설을 들은 기자들은 조선의 처지를 불쌍히 여겼어. 하지만 그뿐, 기자들의 동정이 사태를 바꿀 순 없었단다. 결국 만국 평화 회의에서 조선의 처지를 알리고 외교권을 되찾으려던 헤이그 특사들의 노력은 실패로 끝나고 말았어. 세 사람 중 이준은 그곳에서 세상을 떠났단다. 이준의 죽음에 대해서는 분노 끝에 할복자살했다고 잘못 알려져 있어. 하지만 사실은 병이 나 죽은 거란다. 그렇더라도 나라를 뺏긴 설움과 분노로 목숨을 잃은 건 틀림없어.

헤이그 특사
이상설, 이준, 이위종
이상설은 의정부 참찬이라는 높은 벼슬을 지낸 인물로 프랑스어와 영어를 잘했고, 이위종은 러시아 공사를 지낸 이범진의 아들로 역시 외국어를 뛰어나게 잘했어. 이준은 법률가로 애국심이 투철한 사람이었지.

나라를 지키려는 몸부림

1907년

신돌석 부대는 가는 곳마다 승리를 거둔 데다가
백성들에게는 조금도 폐를 끼치지 않았기 때문에 무척 환영을 받았어.
그의 부대는 3백 명 정도였는데, 활동 무대는 상당히 넓었단다.
그는 태백 산맥의 깊은 골짜기에 비밀 기지를 여러 군데 만들어 두고
그곳을 근거지로 삼아 태백 산맥의 산줄기들을 타고 넘나들면서
경상도, 강원도, 동해안 일대를 누비며 일본군을 기습했어.
그러니 일본군은 신돌석이 귀신처럼 동에 번쩍 서에 번쩍 한다고 생각할 수밖에.

1905년
대한제국
을사조약 강제로 맺어짐

1907년
대한제국
국채 보상 운동

1909년
대한제국
안중근, 하얼빈에서 이토 히로부미 저격

지난번 편지에서 엄마는 을사조약부터 한일 병합까지의 얘기를 들려주었어.
일본이 어떻게 우리나라를 식민지로 만들었는지 알았을 거야.

"만약 세운이가 그때 살았다면 어떻게 했겠니?"

"일본하고 싸우지."

"무섭지 않을까?"

"별로. 아니면 신문 같은 데 글을 써서
사람들한테 일본이 나쁘다는 걸 알리는 거야."

세운이처럼 그때 사람들도 그랬단다.

일본과 직접 싸우기 위해 의병이 된 사람,

신문이나 잡지 같은 데 글을 써서 사람들에게 일본의 침략을 알리는 사람,

나라를 구하려면 실력을 길러야 한다면서 학교를 세워 인재를 키우는 사람,

돈을 모아 일본에 진 빚을 갚자는 사람……

방법은 달랐지만, 일본의 침략으로부터 나라와 민족을 지키겠다는 마음은 똑같았어.

자, 그럼 오늘은 나라를 지키고자 한 여러 움직임에 대해 알아보자.

1919년 일제 시대
3·1 운동이 일어남

1920년 일제 시대
김좌진, 청산리 전투에서 승리

1923년 일제 시대
방정환, 어린이날 만듦

1923년 일제 시대
일본에서 관동 대학살 일어남

의병은 을사조약 전부터 일어났어. 1895년에 매우 중요한 사건이 있었는데, 기억나니? 맞아, 명성 황후가 일본인에게 시해당하고, 또 상투를 자르라는 단발령이 선포되었지. 의병은 이때 본격적으로 일어났단다.

처음에 의병을 일으킨 건 양반 유생들이었어. 양반 유생들은 명성 황후 시해보다도 단발령에 더 큰 충격을 받았단다. 양반 유생들은 부모에게 받은 것은 털끝 하나라도 다쳐선 안 된다는 성리학의 가르침 때문에, 소중한 상투를 자르는 건 곧 오랑캐가 되는 것이라면서, 단발을 강요하는 일본과 그 앞잡이들을 처단하기 위해 의병을 일으킨 거야.

그런데 의병이 활기를 띤 건 군대 해산이 있은 뒤부터야. 1907년 일본이 군대 해산 명령을 내려 대한제국 군대를 해산시켜 버렸다고 했지? 해산 당한 군인들 가운데 많은 사람들이 의병에 가담했어. 정식으로 군사 훈련을 받은 군인들이 가담

*衛 지킬 위
正 바를 정
斥 물리칠 척
邪 간사할 사

위정척사

양반 유생들은 의병을 일으킬 때 '위정척사'를 주장했어. '위정척사'란 '바른 것을 세우고 사악한 것을 물리친다.'는 뜻인데, 이때 바른 것은 성리학이고, 사악한 것은 외세와 서양 문물을 말한단다.

했으니 의병은 몰라보게 강력해졌지.

13도 의병의 서울 진격 작전

1907년 12월, 이인영, 이강년, 허위 등 이름 있는 양반 의병장들이 연합 부대를 만들었어. 연합 부대의 이름은 '13도 창의군'.

전국에서 모여든 약 1만 명의 의병들은 서울에서 가까운 경기도 양주에 모여 회의를 열고 총대장에 이인영, 군사장에 허위를 뽑았단다. 모든 준비가 끝나고 남은 건 서울로 진격하는 일뿐이었어.

그런데 바로 그때, 이인영의 아버지가 돌아가셨다는 소식이 왔어. 이인영은 "나라에 대한 불충은 어버이에 대한 불효요, 어버이에 대한 불효는 나라에 대한 불충이다."라고 하면서, 부모가 죽으면 3년 동안 다른 일을 하지 않고 제사를 모시게 한 성리학의 가르침에 따라 뒷일을 허위에게 맡기고는 장례를 치르기 위해 고향으로 내려가 버렸단다.

허위가 이끄는 의병 부대는 서울 동대문 밖 30리 지점까지 나아갔지만 일본군에게 패하고 말았어. 결국, 애써 계획한 서울 진격 작전은 실패로 끝나고 말았단다. 그런데 말이다, 중요한 결

의병은 하나로 통일된 부대가 아니라 지역마다 따로 활동하는 부대였어. 춘천 유인석 부대, 경상도 이강년 부대, 이런 식으로 말이야. 그런데 그럴 것이 아니라 여러 의병 부대들이 한데 뭉쳐 서울로 진격해서 일본을 몰아내자는 계획을 세웠단다.

| 각지에서 일어난 의병 |

13도 창의군
의병 연합 부대인 13도 창의군이 서울로 진격하는 장면이야. 전국에서 약 1만 명의 의병들이 모여 들어 싸웠지만, 실패로 돌아가고 말았지. −독립기념관

전을 눈앞에 둔 채 아버지의 장례를 치르기 위해 돌아가 버린 총대장 이인영의 태도를 어떻게 생각하니? 세운이라면 그때 어떻게 했을까?

 의병에 참여한 사람들은 농민부터 사냥꾼, 머슴, 군인에 이르기까지 다양했어. 그중에서도 가장 치열하게 싸운 건 가난한 농민 출신 의병들이었단다. 동학 농민 운동 때 참여했던 농민군들 가운데 상당수도 의병이 되었어. 이들은 일본을 비롯하여 서양 강대국들의 침입에 반대하면서, 일본인 지주와 그 앞잡이들을 공격했단다.

 일본은 갈수록 치열해지는 의병들을 내버려 둘 수 없다고 생각했어. 그래서 '남한 대토벌 작전'을 벌였단다. 일본군은 전라도를

의병에 참여한 사람들
농민, 해산당한 군인, 심지어 앳된 소년도 있구나. 출신은 매우 다양했지만, 마음만은 하나였을 거야.

체포된 의병장들
의병장들은 양반 유생이었지만 의병에 참가한 사람들은 평범한 백성들이었어. 모두 나라를 지키려는 굳은 의지로 의병 활동을 벌였지.

폐허로 만들고 강원도, 황해도로 나아가면서 의병들을 몰아세웠어. 약 두 달 동안 벌어진 '남한 대토벌 작전'으로 의병장 1백여 명, 의병 4천여 명이 붙잡히거나 죽음을 당했단다. 국내에서 더 이상 활동을 계속하기 어렵게 된 의병들은 압록강과 두만강을 건너 중국 만주나 러시아의 연해주로 갔어. 그리고 거기서 독립군이 되어 일본과 싸움을 계속했단다.

'태백산 호랑이' 신돌석

아까도 말했듯이, 의병은 처음에는 양반 유생들이 중심이었어. 양반들이 의병장이 되고 일반 백성들이 그들을 따랐지. 그런데 시간이 흐르면서 차츰 양반 유생이 아닌 평민 의병장이 등장했단다.

> **❗ 양반 의병장, 최익현**
>
> "내 목은 자를지언정 내 머리칼은 자를 수 없다!"
> 상투를 자르라는 단발령이 내려지자 최익현은 이렇게 반대했어. 최익현은 여러 양반 의병장 중에서도 특히 기개가 높고 자존심이 강하기로 소문난 사람이란다. 그는 을사조약 후인 1906년, 일흔네 살의 몸으로 전라도에서 의병을 일으켰어. 제자인 임병찬이 그를 도왔지. 그러나 곧 최익현은 임병찬과 함께 체포되어 일본의 대마도로 유배를 갔단다. 그곳에서 최익현은 일본 관리의 무례한 태도에 분노하여 항의 단식을 했어. 단식한 지 3일째, 일본 관리의 사과를 받고 비로소 음식을 먹었지. 그리고 몇 달 뒤, 최익현은 세상을 떠났단다. 최익현은 단식 끝에 굶어 죽었다고 알려져 있지만, 제자 임병찬이 쓴 《대마도 일기》를 보면 최익현의 단식은 여섯 끼였고, 그 후엔 음식을 먹었으며, 죽은 이유는 '풍증'이라는 병 때문이었다고 자세히 기록되어 있어.

최익현 초상 최익현은 일흔네 살의 나이로 의병을 일으켰다가 대마도로 끌려갔어. 그곳에서 세상을 떠났단다. 이 그림은 조선 후기 화가 채용신이 그렸어.

신돌석이 태어난 집
원래 집은 남아 있지 않고, 전해 오는 이야기를 바탕으로 최근에 복원한 집이야. 경상북도 영덕군에 있어.

 양반 의병장 가운데 대표적인 인물은 유인석, 최익현, 허위, 이인영, 이강년, 이소응 들이었고, 평민 의병장 가운데 대표적인 사람은 '태백산 호랑이'라는 별명을 가진 신돌석, 사냥꾼 출신의 홍범도, 머슴이었던 안담살이(안규홍), 전해산 들이었어. 그중에서 '태백산 호랑이'라 불리는 신돌석에 대해 알아보자꾸나.

 신돌석은 경상북도 영해에서 농민의 아들로 태어났어. 본명은 '태호'이고, 돌석은 어릴 때 이름이란다. '돌선'이라고도 해. 그의 먼 조상은 양반이었다고 하는데, 신돌석이 태어날 무렵에는 평범한 농민 집안이 되어 있었지. 신돌석은 이웃 마을에 사는 퇴계 이황의 후손 이중립의 서당에 다니며 글공부를 했어. 그래서 신돌석은 농민의 아들이면서도 한문으로 시를 지을 정도의 학식을 갖추

신돌석 부대의 활약
태백산에서 일본군과 전투를 벌이는 신돌석 부대야. 신돌석 부대는 태백산맥 곳곳에 비밀 요새를 두고, 그곳을 근거지 삼아 동쪽과 서쪽을 넘나들었어. 그래서 신돌석이 축지법을 쓴다는 소문이 퍼졌단다. 그건 신돌석이 매우 날래고 용감했다는 뜻이야. 신돌석 부대는 일본군이 몹시 두려워하는 의병 부대였어. -독립기념관

었단다.

　신돌석이 의병장이 된 건 스물여덟 살 때인 1906년이야. 고향 복더미 마을에서 의병을 일으켰지. 이미 열여덟 살 때 의병에 참가했던 경험이 있고, 그 후 10년 동안 뜻을 키워 온 그였기에 따르는 사람들이 많았어.

　그의 부하 중에는 양반 출신도 꽤 있었단다. 또, 직접 의병으로 나서지는 않았어도 돈을 대주거나 먹을 것과 잠자리를 도와준 양반도 여럿 있었어.

　신돌석 부대는 가는 곳마다 승리를 거둔 데다가 백성들에게는 조금도 폐를 끼치지 않았기 때문에 무척 환영을 받았어. 그의 부대는 3백 명 정도였는데, 활동 무대는 상당히 넓었단다. 그는 태백산맥의 깊은 골짜기에 비밀 기지를 여러 군데 만들어 두고 그곳을 근거지로 삼아 태백산맥의 산줄기들을 타고 넘나들면서 경상도, 강원도, 동해안 일대를 누비며 일본군을 기습했어. 그러니 일본군은 신돌석이 귀신처럼 동에 번쩍 서에 번쩍 한다고 생각할 수밖에. 덕분에 신돌석이 축지법을 쓴다는 소문이 퍼졌단다. 일본군은 신돌석 부대에게 혀를 내둘렀고, 신돌석은 '태백산 호랑이'라는 별명으로 불렸어.

신돌석은 13도 창의군이 서울 진격 작전을 펼 때, 약 1천 명의 부대원들을 이끌고 참가하기로 되어 있었는데, 무슨 까닭에선지 그만 중간에 빠졌단다. 양반 의병장들이 신돌석은 양반이 아니라는 까닭으로 거절했기 때문이라고도 하고, 때마침 신돌석 부대가 사정이 있어 참가할 수 없게 되었기 때문이라고도 해. 아무튼 신돌석 부대는 13도 창의군과는 별도로 경상도 부근에서 활발한 활동을 폈단다.

일본군은 신돌석 부대를 잡으려고 혈안이 되었어. 일본의 탄압이 갈수록 심해지자, 신돌석은 국내에서는 활동하기가 어렵다고 판단하고 만주로 갈 생각을 했단다. 그런데 바로 그즈음, 신돌석은 그만 최후를 맞고 말았어. 친척인 김상렬의 집에 들렀다가 김상렬과 그 동생의 손에 죽고 만 거야. 그때 나이 만 서른 살.

전하는 얘기에 따르면, 일본이 신돌석의 목에 막대한 현상금을 걸었는데, 현상금에 눈이 먼 김상렬 형제가 신돌석에게

신돌석 영정
1999년 신돌석을 기념하는 사당 '충의사'를 세우면서 그린 영정이야. 친척 중에 많이 닮은 사람을 모델로 삼아 그렸다고 해. 신돌석의 부하가 남긴 말에 따르면, 신돌석은 넓적한 얼굴에 천연두 자국이 나 있고 거무스름한 피부, 건장한 몸집이었단다.

독한 술을 먹여 정신을 잃게 하고는 큰 돌로 때려죽이고 목을 베어 일본군에게 갖다 바쳤다고 해. 그러나 일본군 장교는 산 채로 잡아오랬지 누가 죽이라고 했느냐면서 상금을 주지 않았단다.

신돌석의 갑작스러운 죽음은 사람들에게 큰 충격을 주었어. 비록 그는 죽었지만 '태백산 호랑이' 신돌석의 이름은 사람들 가슴에 오래오래 남았고, 그를 주인공으로 하는 전설이 입에서 입으로 전해졌단다.

실력을 길러 나라를 되찾자

의병처럼 총을 들고 일본과 싸우는 사람들이 있는가 하면, 나라를 구하기 위해서는 먼저 실력을 길러야 한다고 주장하면서 민족의 실력을 기르기 위해 여러 활동을 펼치는 사람들이 등장했어. 이들의 활동을 '애국 계몽 운동'이라고 해.

애국 계몽 운동은 갑신정변을 일으킨 개화파와, 독립문을 세운 독립 협회의 뒤를 잇는 운동이었어. 애국 계몽 운동가들은 우리도 '강자'가 되어야 일본을 이길 수 있으며, '강자'가 되려면 실력을 길러야 하고, 실력을 기르려면 교육과 산업을 발달시켜야 한다고 주장했어. 그런데 애국 계몽 운동가들 중에는 당시 치열하게 불타오르고 있었던 의병 운동을 탐탁치 않게 여기는 사람들이 많았단다. 애꿎은 생명만 없애고 나라

독립 협회

독립 협회는 누구나 자유롭게 의견을 발표할 수 있는 토론장인 만민 공동회를 열고, 의회를 만들자는 운동을 벌였어. 그때까지 자유롭게 자기 의견을 밝힐 기회가 없었던 사람들에게 만민 공동회는 신선한 경험이었어. 그러나 고종은 독립 협회가 '왕을 없애고 대통령을 뽑으려 한다.'는 소문에 놀라 독립 협회를 해산시켰단다.

여러 가지 책들
나라와 민족에 대한 사랑을 강조하는 책들이 쏟아져 나왔어. 국사, 국어, 지리, 철학 등 우리 것을 알리고 긍지를 갖게 하는 내용들이 담겨 있단다.
-독립기념관

에 도리어 해를 끼치는 무모한 짓이라고 여긴 거야.

애국 계몽 운동가들은 학교를 세워 자라나는 어린이와 청소년들을 가르치고, 신문과 잡지, 책을 발행하여 사람들을 계몽했어. 또, 국어와 국사를 연구하여 나라와 민족에 대한 관심을 일깨웠단다. '아는 것이 힘이다.' 라는 구호 아래 전국 각지에 학교가 세워졌어.

오산학교 졸업식
오산 학교 2회 졸업생들의 기념 사진이야. 사업가였던 이승훈은 안창호의 연설을 듣고 감동받아 인재를 길러 나라를 구해야겠다고 결심했어. 그래서 고향인 평안북도 정주에 오산 학교를 세웠지.

안창호가 평양에 세운 대성 학교, 이승훈이 평안북도 정주에 세운 오산 학교를 비롯하여 수많은 학교가 들어섰어. 그러자 일본은 조선인이 세운 학교를 문 닫게 하거나, 조선 총독부의 허락을 받아야만 학교를 세울 수 있도록 하여 애국 계몽 운동을 방해했어.

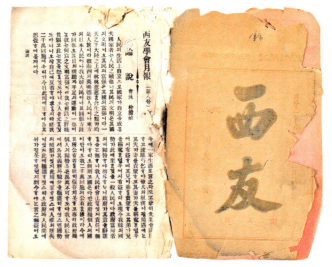

신문과 잡지를 이용한 계몽 운동도 활발히 일어났어. 특히 〈대한매일신보〉는 신문사 주인이 조선인이 아니고 베델이라는 영국인이었기 때문에 다른 신문에 비해 일본의 간섭을 덜 받았단다. 그래서 〈대한매일신보〉에는 일본을 비판하는 글들이 많이 실렸

애국 계몽 운동에 앞장선 신문과 잡지
애국 계몽 운동이 한창일 때 발행된 신문과 잡지야. 맨 위는 〈서우〉라는 잡지이고, 아래 왼쪽은 〈제국신문〉, 오른쪽은 〈해조신문〉이란다. —독립기념관

어. 〈대한매일신보〉를 몹시 괘씸하게 여기고 있던 일본은 한일 병합과 동시에 〈대한매일신보〉를 사들여 조선 총독부의 기관지로 만들어 버렸단다.

외국에서도 미국의 〈신한민보〉, 러시아 연해주의 〈해조신문〉, 〈대동공보〉 등이 발행되었어.

그 밖에 우리말과 우리 글, 우리 역사에 대한 관심이 매우 높아졌어. 한글 학자 주시경은 학교와 야학을 돌아다니며 국어 문법을 가르쳤단다. 그는 항상 보따리에 책을 싸들고 다녔기 때문에 '주보따리', '주보퉁이' 라는 별명으로 불리었어. 주시경은 《국어문전음학》,《국어문법》 등 국어에 관한 책을 여러 권 써서 한글 발전에 큰 공을 세웠어.

주시경
주시경은 〈독립신문〉, 〈제국신문〉 같은 신문사에서 일하면서 한글 표기법과 맞춤법을 통일할 필요를 느꼈어. 그래서 한글 연구에 한평생을 바쳤단다.

2천만 동포여, 나라 빚을 갚자

애국 계몽 운동이 한창이던 1907년 초, 〈대한매일신보〉에 눈을 끄는 기사가 실렸어. 신문 기사는 대구에 있는 광문사라는 출판사의 사장 김광제와 친구 서상돈이 낸 것이었어.

"우리나라는 일본에 1천3백만 원을 빚지고 있다. 일본의 지배에서 벗어나려면 무엇보다 우선 빚을 갚아야 한다. 그러니 2천만 온

국채 보상 운동 여성 기념비
국채 보상 운동에서 여성들의 활약은 눈부셨어. 대구 날일동 부인회는 가락지와 은장도 등 패물을 내놓으며 운동에 앞장섰단다. 사진은 국채 보상 운동 백주년을 기념하여 대구의 기념 공원에 세운 비석이야. 비석이 가락지 모양을 하고 있구나.

국민이 3개월 동안 담배를 끊고 한 사람이 20전씩 모으자."

당시 전국의 인구는 2천만이었는데. 일본에 지고 있는 빚을 2천만 국민이 힘 모아 갚자는 거야. 이것을 '국채 보상 운동', 즉 '나라 빚 갚기 운동'이라고 해. 기사가 나가자마자, 전국에서 뜨거운 호응이 일었단다.

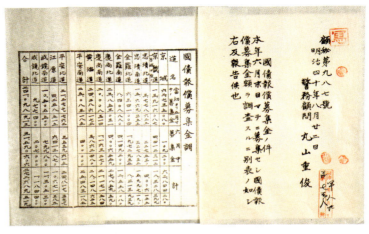

국채 보상 모금표

국채 보상 운동이 활발하게 일어나자 돈이 얼마나 모였는지 일본 경찰이 조사한 표란다. 국채 보상 운동은 1998년 IMF 때 벌어졌던 '금 모으기 운동'을 생각나게 하는구나. 그때도 온 국민이 하나 된 마음으로 아기의 첫돌 선물로 받은 금반지, 소중히 간직해 온 금 목걸이 등을 내놓았어. 하지만 그땐 돈을 받고 금을 팔았지 않니? 국채 보상 운동은 아무 대가 없이 순수하게 낸 헌금이었어.
ㅡ독립기념관

남자들은 담배를 끊고, 여자들은 가락지와 패물을 팔아 돈을 냈어. 소중히 아껴 온 반지와 노리개를 벗어 내놓은 아낙네, 밤새워 곱게 수를 놓아 판 돈을 수줍게 내미는 여학생, 비록 천대받는 기생이지만 백성의 도리야 다를 것이 뭐가 있겠냐면서 아낌없이 돈을 내는 기생…….

하지만 국채 보상 운동은 일본의 탄압으로 막을 내리고 말았어. 일본은 운동에 앞장섰던 〈대한매일신보〉 총무 양기탁을 공금 횡령이라는 죄를 씌워 구속했단다. 그 바람에 국채 보상 운동은 주춤했어. 뒤이어 한일 병합이 되고, 운동은 그만 흐지부지되고 말았지. 온 백성이 뜨거운 가슴으로 모아 낸 돈은 어찌 되었을까? 정확히 모른단다. 일제 시대에 〈조선일보〉 기자였던 최은희는 '조선 총독부에서 압수했다고 들었으나 확실하지는 않다.'고 말했어.

國債 나라국 빚채

윤희순과 '안사람 의병단'

우리 역사를 들추어 보면 나라가 위기를 맞을 때마다 여성들은 놀라운 힘을 뿜어 냈어. 여성들은 무기를 들고 목숨을 바쳐 싸우는 의병에도 참여했단다. 윤희순과 '안사람 의병단'이 바로 의병이 된 여성들이야. '안사람'은 '아내, 여성'을 말해.

안사람 의병단을 이끈 윤희순은 양반 의병장 유홍석의 맏며느리야. 윤희순은 열여섯 살에 유홍석의 맏아들과 결혼했어. 유홍석은 춘천의 이름난 의병장 유인석과 6촌 형제란다.

시아버지 유홍석이 의병으로 나서자, 윤희순은 자기도 나가겠다고 했어. 유홍석은 전쟁터는 여자가 나설 곳이 아니라며 말렸지만, 윤희순은 가만히 있을 수 없다고 생각하고 시아버지 몰래 유씨 집안 안사람들과 동네 안사람들을 모았단다. 그리고 직접 〈안사람 의병가〉라는 노래를 지어 가르쳤어.

전쟁터는 여자가 설 곳이 못된다며 반대했던 시아버지 유홍석도 감탄하지 않을 수 없었어. 결국 윤희순과 안사람 의병단 30여 명은 춘천 가정리 여우내 골짜기에서 벌어진 의병 훈련에 참가했단다. 안사람 의병단은 의병들을 위해 밥 짓기나 빨래를 도맡아 하고, 쇠똥과 찰흙을 섞어 화승총에 쓸 화약을 만들었어. 그리고 남자 의병과 똑같이 군사 훈련도 받았어. 군자금을 마련하기 위해 돈을 모으러 다니기도 했고.

한일 병합 후, 윤희순의 가족은 중국으로 갔단다. 거기서 시아버지와 남편이 죽었지만 윤희순은 꺾이지 않았어. 〈의병군가〉를 비롯하여 항일 의식을 드높이는 노래를 지어 널리 알리고, 동지를 모아 의병들 뒤치다꺼리를 도맡았어. 그러다 아들 돈상이마저 독립 운동을 하다 죽자, 열이틀 만에 윤희순도 눈을 감았단다.

윤희순 윤희순의 유해는 세상을 떠난 지 60년 뒤인 1994년에 우리나라로 돌아왔단다. 윤희순은 자신의 일생을 정리한 〈해주 윤씨 일생록〉이라는 글을 남겼어.

〈안사람 의병가〉

아무리 왜놈들이 강성한들

우리들도 뭉쳐지면 왜놈 잡기 쉬울세라

아무리 여자인들 나라 사랑 모를소냐

아무리 남녀가 유별한들 나라 없이 소용 있나

우리도 나가 의병하러 나가 보세

의병대를 도와주세

금수에게 붙잡히면 왜놈 시정 받들소냐

우리 의병 도와주세

우리나라 성공하면 우리나라 만세로다

우리 안사람 만만세로다

만주를 뒤흔든 구국의 총소리

1909년

러시아 군대 뒤쪽에서 누군가가 러시아 말로 우렁차게 외쳤어.
"코리아 우라, 코리아 우라……!"
'우라'는 러시아 말로 '만세'라는 뜻이야.
목소리의 주인공은 바로 안중근이었단다.

1905년
대한제국
을사조약 강제로 맺어짐

1907년
대한제국
국채 보상 운동

1909년
대한제국
안중근, 하얼빈에서 이토 히로부미 저격

엄마랑 〈2009 로스트 메모리즈〉라는 영화를 본 기억나니?
'만약 안중근이 하얼빈 역에서 이토 히로부미를 죽이지 않았다면?' 하고
물음을 던지면서 이야기를 풀어 가는 흥미진진한 영화였어.
이토 히로부미는 너도 잘 알고 있듯이, 을사조약을 강제로 맺어
조선의 외교권을 빼앗은 사람 아니냐.
"그런데 정말 안중근이 이토 히로부미를 죽이지 않았다면 어떻게 되었을까?"
"만약 그랬다면 대한민국이 없지 않았을까? 내 이름은 세운이가 아니라
'요시코'나 뭐 그런 게 되고……."
학자들은 역사에는 '만약'이 없다고들 해. 왜냐하면 어떤 사건이 일어난 건
우연이 아니라 반드시 그래야 했던 원인이 있기 때문이라는 거지.
그것을 어려운 말로 '필연'이라고 한단다.
하지만 엄마는 가끔 '만약 그때 이랬다면 어찌 되었을까?' 하고 생각해 봐.
그러면 필연의 중요함이 한층 더 분명해지거든.
자, 오늘은 안중근이 이토 히로부미를 죽인 순간으로 되돌아가 보자.
그리고 안중근이 이토 히로부미를 죽인 필연의 이유를 알아보자꾸나.

1919년
일제 시대
3·1 운동이 일어남

1920년
일제 시대
김좌진, 청산리 전투에서 승리

1923년
일제 시대
방정환, 어린이날 만듦

1923년
일제 시대
일본에서 관동 대학살 일어남

 을사조약으로 나라의 외교권을 빼앗긴 지 4년, 일본의 기세가 하루가 다르게 오르고 있는 가운데, 조선은 나라를 지키기 위해 마지막 안간힘을 쓰고 있었어. 안중근의 거사는 그때 일어났단다.

1909년 10월 26일 아침 9시, 만주에 있는 하얼빈 역. 기차가 천천히 역으로 들어와 멎었어. 작달막한 키에 턱수염을 기른 이토 히로부미가 기차에서 내렸단다. 이토 히로부미는 러시아 재무 장관 코코프체프와 회담을 하기 위해 만주 하얼빈에 온 것이었어. 그때 만주 하얼빈은 러시아 영토였거든.

하얼빈

하얼빈은 만주의 중심이요, 교통의 요지였어. 모스크바와 블라디보스토크를 잇는 시베리아 철도가 지나가는 곳이었지. 이토 히로부미가 이곳에 온 까닭은 만주 철도를 누가 경영할 것인가를 놓고 러시아와 회담하기 위해서였어. 또 하나, 한일 병합을 러시아에게 알리기 위해서이기도 했단다.

하얼빈에 온 이토 히로부미
왼쪽에서 두 번째,
키 작고 하얀 턱수염을 기른 사람이
이토 히로부미란다.

안중근, 이토 히로부미를 쏘다

기차역에는 러시아 군대가 늘어서 있고, 환영 나온 일본인들이 모여 있었어. 이토 히로부미는 러시아 군대를 돌아본 다음, 환영 나온 사람들의 인사를 받기 시작했어. 바로 그때였어. 난데없이 총소리가 울려 퍼졌어.

"탕, 탕, 탕!"

순간, 환영 인파 속으로 걸어가던 이토 히로부미의 몸이 휘청거렸어. 다시 세 발의 총소리가 더 울렸어. 이번엔 이토 히로부미의 뒤를 따라가던 일본인 관리 세 사람이 잇달아 쓰러졌단다. 정말 눈 깜짝할 사이에 일어난 일이었어. 그때 러시아 군대 뒤쪽에서 누군

안중근이 쏜 총에 맞은 이토 히로부미
안중근은 이토 히로부미에게 총을 쏜 뒤 곧바로 러시아 헌병들에게 붙잡혔어. 조금도 두려워하지 않고 도망치려고도 하지 않았지.

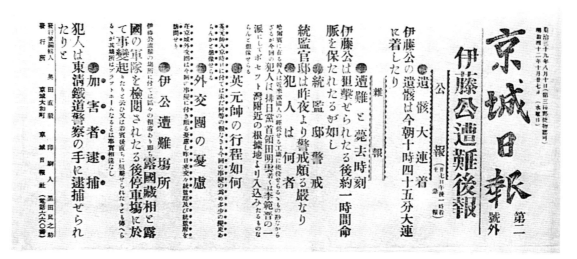

안중근 의거 신문 기사
당시 〈경성일보〉에 실린 기사야. 안중근은 체포되었다고 쓰여 있어. 이토 히로부미를 왜 죽였냐는 질문에 안중근은 15가지 죄를 지었으므로 죽였다고 대답했단다. 첫째 명성 황후를 죽인 죄, 둘째 대한제국 황제를 내쫓은 죄, 셋째 을사조약을 강제로 맺은 죄 등이었어.

가가 러시아 말로 우렁차게 외쳤어.

"코리아 우라, 코리아 우라……!"

'우라'는 러시아 말로 '만세'라는 뜻이야. 목소리의 주인공은 바로 안중근이었단다. 안중근은 그 자리에서 붙잡혔고, 이토 히로부미는 열차 안으로 옮겨졌어. 이토 히로부미의 몸에 박힌 총탄 자국에서는 붉은 피가 쉴 새 없이 흘러내렸단다.

"당했다!"

이토 히로부미는 중얼거렸어. 그리고 약 30분 뒤인 오전 10시, 이토 히로부미는 숨을 거두었단다.

사로잡힌 안중근은 만주의 뤼순(여순)에 있는 감옥에 갇혔어. 그리고 관동도독부 고등 법원에서 재판을 받게 되었단다. 함께 거사를 준비했던 우덕순, 조도선, 유동하도 재판을 받았어. 재판장을 비롯해서 검찰, 변호사까지 모두 일본인으로 채워진, 안중근에게는 매우 불리한 재판이었어. 그러나 안중근은 조금도 두려워하지 않았어. 그는 법정에서 당당하게 주장했단다.

"내가 이토 히로부미를 죽인 것은 의병 중장의 자격으로 한 것이지 결코 자객으로서 한 것이 아니다. 한·일 두 나라의 친선을 방해하고 동양 평화를 어지럽힌 장본인이 이토 히로부미이므로, 나는 대한국 의병 중장의 자격으로 그를 제거한 것이다. 따라서 나는 전쟁에 나갔다가 포로가 되어 이곳에 온 것이므로, 나를 처벌하려거든 국제법에 따를 것을 희망하는 바이다."

의병 중장 안중근

안중근
이토 히로부미 저격 후 뤼순 감옥에 있을 때 찍은 사진이야.

안중근은 스스로를 '의병'이라고 했어. 그런데 오늘날 사람들은 안중근이 이토 히로부미를 죽인 것은 잘 알고 있으면서도, 그가 의병으로 활약한 것에 대해서는 잘 모르고 있더구나. 엄마가 그 얘기를 자세히 해 줄 테니 잘 들어 보렴.

안중근은 1879년 황해도 해주에서 양반 집안의 맏아들로 태어났어. 안중근은 성미가 급했어. 그래서 아버지가 무겁고 신중하게 행동하라는 뜻으로, '무거울 중(重), 뿌리 근(根)' 자를 써서 '중근'이라고 이름지어 주었단다. 그는 여느 양반집 아들처럼 유학을 공부해야 했지만, 공부는 뒷전으로 미뤄 놓고 총을 메고서 산으로 들로 사냥하러 다니기를 훨씬 좋아했어. 그의 총 솜씨는 동네에서 소문날 만큼 훌륭했단다.

안중근은 열여섯 살 때 김아려와 결혼하여 아들 둘, 딸 하나를 낳았어. 그 무렵 천주교를 믿게 되었지. 안중근은 프랑스 신부에게 세례를 받고 '토마'라는 세례명을 얻었단다. 프랑스 말과 서양 문물도 배웠어.

안중근과 동지들
안중근과 함께 거사를 준비했던 우덕순, 조도선, 유동하가 재판정에 나란히 앉아 있어. 앞줄 맨 오른쪽이 안중근이란다. 안중근은 사형, 우덕순은 3년 형, 조도선과 유동하는 1년 6개월 형을 선고받았어.

안중근이 나라를 구하는 운동에 나서게 된 건 을사조약 때문이었어. 을사조약으로 일본에게 외교권을 빼앗기는 것을 보고 분개하여, 나라를 구하려면 실력 있는 인재가 많이 필요하다는 생각으로 안중근은 학교를 세웠단다. 요즘의 초등학교에 해당하는 돈의학교, 중학교인 삼흥 학교를 세워 교육에 힘썼어.

그러던 중, 헤이그 특사 사건 때문에 고종이 쫓겨나고 군대가 해산되었지. 안중근은 교육만으로는 안 되겠다고 생각하고 다른 방법을 찾았어. 앞으로 일본이 전쟁을 일으킬 게 뻔하니 의병을 일으켜 직접 싸워야겠다고 생각했단다. 그는 의병 부대를 만들기 위해 러시아의 블라디보스토크로 갔어. 블라디보스토크에는 조선인들이 많이 살고 있었어. 안중근은 조선인들이 사는 마을을 돌아다니며 의병을 모으기 위해 연설을 했단다.

"자기 스스로 할 수 없다는 것은 모든 일이 망하는 근본이요, 자기 스스로 할 수 있다는 것은 모든 일이 흥하는 근본이라는 말 그대로입니다. 그러므로 '스스로 돕는 자를 하늘이 돕는다.' 하는 것이니, 여러분에게 묻습니다. 앉아서 죽기를 기다리는 게 옳습니까? 분발하여 힘을 내는 것이 옳습니까?"

안중근의 힘 있는 연설은 사람들의 가슴에 파고들었어. 의병이 되려고 모여든 사람이 약 3백 명. 안중근은 의병 부대의 참모 중장이 되었단다. 총대장은 김두성, 총독은 이범윤이었어. 안중근 부대는 당시 이름을 떨치고 있던 홍범도 부대와 연락하면서 함경도 일대의 일본군을 공격할 계획을 짰단다.

손가락을 잘라 맺은 '단지 동맹'

안중근 부대는 두만강을 건너 함경북도 경흥에서 일본군과 싸워 이겼어. 그때 일본군 포로를 여러 명 잡았지. 그런데 안중근은 국제법을 지키기 위해 다음과 같이 말하면서 사로잡은 일본군 포로들을 모두 풀어 주었어.

"현재 만국 공법에 사로잡은 적병을 죽이는 법은 전혀 없다. 어디다 가둬 두었다가 뒷날 배상을 받고 돌려보내 주는 것이다."

그러나 안중근의 행동은 매우 훌륭한 것이었지만 결과는 좋지 못했단다. 사로잡은 일본군을 풀어 주다니 말도 안 된다면서 그를 못마땅해하는 사람들이 생겼고, 또 풀려난 일본군들이 안중

안중근의 손바닥 도장
"대한국인 안중근"이라고 쓰고 손바닥으로 도장을 찍었어. 뤼순 감옥에 있을 때 찍은 거야. 그런데 왼손 넷째 손가락이 한 마디쯤 짧지? 손가락 한 마디를 잘라 단지 동맹을 맺었기 때문이야. 안중근은 붓글씨를 매우 잘 썼어. 뤼순 감옥에 있을 때, 아는 사람들에게 글씨를 많이 써주었단다. 일본인 간수들에게도 글씨를 써주었지.

근 부대의 위치를 알려 주는 바람에 일본군의 기습 공격을 받아 패하고 만 거야. 부대원들은 뿔뿔이 흩어지고, 안중근은 간신히 목숨을 건져 블라디보스토크로 돌아왔어. 사람들은 그를 싸늘하게 대했지만, 안중근은 절망하지 않았단다.

안중근의 손바닥 도장을 본 적 있니? 이상하게도 넷째 손가락이 한 마디쯤 짧아. 그건 안중근이 '단지 동맹'을 맺었기 때문이야.

1909년 1월, 안중근은 열한 명의 동지들과 왼손 넷째 손가락 한 마디를 잘라 태극기에 피로 '대한 독립'이라고 쓰고 나라를 위해 몸 바칠 것을 맹세했어. 이것을 손가락을 잘라 맺은 동맹, 즉 '단지 동맹'이라고 해. 안중근은 단지 동맹을 맺은 다음, 때마침 이토 히로부미가 만주에 온다는 소식을 듣고서 거사를 일으켰던 거야.

안중근이 이토 히로부미를 죽인 것은 자신의 말마따나 전쟁터에 나선 의병으로서 한 일이었어. 그는 법정에서 자신이 예전에 일본군 포로를 국제법에 따라 풀어 주었던 것처럼, 자신도 국제법에 따라 대우받아 마땅하다

*斷 끊을 단
指 가리킬 지,
 손가락 지
同 한가지 동
盟 맹세 맹

'단지 동맹' 기념엽서
안중근과 열한 명의 동지들이 맺은 단지 동맹을 기념하여 만든 엽서란다. —독립기념관

유언하는 안중근
사형당하기 이틀 전에 홍석구 신부와 두 동생을 만나 유언을 하고 있어. 안중근은 자기는 죽은 뒤에도 나라를 위해 힘쓸 거라고 말했단다. 홍석구 신부는 프랑스 사람인데 안중근은 그에게 세례를 받고 천주교 신자가 되었어.

고 주장했어. 그러나 안타깝게도 안중근은 그런 대우를 전혀 받지 못했단다.

동양 평화를 위한 '의로운 전쟁'

안중근은 옥중에서 자서전을 썼어. 자서전의 제목은 《안응칠 역사》. 안응칠은 안중근의 어릴 때 이름인데, 가슴과 배에 점 일곱 개가 있어서 북두칠성의 기운을 받아 태어난 아이라는 뜻으로 '응칠'이라 했단다.

안중근은 자서전에 출생부터 의병 활동, 하얼빈 역에서 이토 히로부미를 저격하기까지의 이야기를 써 놓았어. 일본인들로 꽉 찬 법정에서 재판을 받는 답답한 심정도 솔직하게 털어 놓았지.

"오늘 내가 당하는 이 일이 생시인가 꿈인가. 나는 당당한

《안응칠 역사》
감옥에서 쓴 안중근의 자서전 이야. "1879년 기묘년 7월 16일 대한국 황해도 해주부 수양산 아래서 한 남자아이가 태어나니……."라고 시작하여 자신의 일생을 담담하게 써 놓았어.

백인종 대 황인종

일본이 러시아와 전쟁을 벌이자 사람들은 러·일 전쟁을 백인종 대 황인종, 서양 대 동양의 싸움이라고 생각했어. 그래서 일본의 지배를 받으면서도 일본을 지지하고 응원한 조선인들이 상당히 많았어. 안중근도 그중 하나였단다. 사진은 프랑스 신문에 실린 러·일 전쟁 풍자화야. 유럽 챔피언인 거인 러시아가 만주 땅을 딛고 서 있고, 한반도와 일본에 한 발씩 걸친 작은 일본이 아시아 챔피언으로서 도전하고 있어.

조선인인데 왜 오늘 일본 감옥에 갇혀 있는가. 더욱이 일본 법으로 재판을 받는 까닭이 무엇인가. 내가 언제 일본에 귀화했던가? 판사도 일본인, 변호사도 일본인, 검사도 일본인, 통역관도 일본인, 방청인도 일본인. 이야말로 벙어리 연설회냐 귀머거리 방청이냐. 이것이 꿈속 세계냐. 만약 꿈이라면 어서 깨라, 확실히 깨려무나."

자서전을 다 쓴 다음 안중근은 《동양평화론》이라는 책을 쓰기 시작했어. 그러나 이 책은 완성하지 못했단다. 머리말과 1장의 일부

안중근의 빈 무덤
무덤 네 개가 나란히 있지? 맨 왼쪽, 비석이 없는 무덤이 바로 안중근의 무덤이란다. 빈 무덤이라 비석을 세우지 않았어. 사형당한 안중근이 어디에 묻혀 있는지 모르기 때문에 언젠가 돌아올 날을 기다리며 빈 무덤을 만들어 둔 거야. 하루빨리 유해를 찾아 고국에서 편히 쉬게 해 주는 것이 우리 후손들의 할 일이 아닐까? 서울 용산구 효창 공원에 있어.

밖에 쓰지 못한 채 사형이 집행되고 말았거든.

비록 완성은 못했어도 《동양평화론》에는 그의 사상이 총정리되어 있어. 여기서 잠깐 《동양평화론》의 한 대목을 같이 읽어 보자꾸나. 그러면 안중근이 이토 히로부미를 죽인 까닭을 좀 더 분명히 알 수 있을 거야.

"지금 서양 세력이 동양으로 뻗쳐 오는 환난을 동양 사람이 일치단결해서 막아 내는 것이 최상책이라는 것은 어린아이라도 다 아는 일이다. 그런데 무슨 까닭으로 일본은 이런 형세를 돌아보지 않고 같은 황인종인 이웃 나라를 치고 우의를 끊어 방휼의 형세(조개와 도요새가 서로 물고 물리며 싸우는 형세. 이때 어부가 나타나 힘 안 들이고서 둘 다 잡아가게 된다고 하여 '어부지리' 라는 말이 생겼단다.)를 만들어 마치 어부를 기다리는 듯하는가……."

 세운이가 들으면 깜짝 놀라겠지만, 일본이 러시아와 러·일 전쟁을 할 때 꽤 많은 조선인들이 일본을 지지하고 응원했어. 왜냐하면 러·일 전쟁을 황인종과 백인종의 전쟁, 즉 밀려드는 서양 세력과 그것을 막아 내려는 동양의 싸움이라고 믿었기 때문이야. 〈독립신문〉, 〈황성신문〉 등 애국 계몽 운동에 앞장섰던 신문에도 "청나라, 조선, 일본의 삼국이 연합해야 동양 문명과 황인종을 보호할 수 있다."는 내용의 글이 실리곤 했단다. 조선인들이

안중근 동상
안중근은 1910년 3월 26일 오전 10시쯤, 뤼순 감옥에서 사형당했어. 그때 나이 서른두 살이었단다. 동상과 어록비는 서울 남산에 있어.

안중근 어록비
안중근의 글을 새겨 놓은 비석이야.

그렇게 믿게 된 데는 자기네가 동양 평화를 위해 앞장서서 싸우고 있다고 떠든 일본의 선전도 한몫했어.

안중근도 그 당시 비슷한 생각으로 일본을 응원했어. 그러나 일

❗ '을사 오적'을 처단하라!

'을사 오적'이란 을사조약에 찬성한 다섯 명의 대신, 즉 이완용, 이지용, 박제순, 이근택, 권중현을 가리킨단다. 을사 오적은 나라를 팔아 넘긴 도적으로 손가락질을 받으며 분노의 표적이 되었어. 맨 처음 을사 오적을 처단하고자 한 사람은 나철(나인영의 다른 이름)이었어. 나

나철과 동지들 을사 오적 암살 결사대 동지들이야. 뒷줄 왼쪽이 나철이란다.

철은 동지 오기호(오혁의 다른 이름)와 함께 결사대를 만들어 을사 오적 암살을 꾀했단다. 결사대는 맡은 장소에서 기회를 엿보았지만 일본군의 삼엄한 호위를 받으며 지나가는 을사 오적들을 그만 놓치고 말았어. 비록 실패로 끝나긴 했어도 을사 오적 암살 결사대는 일본에 협력한 자들의 간을 콩알만 하게 만들었어. 그 밖에도 나라를 팔아넘긴 자들에 대한 응징이 꼬리를 물고 계속되었단다. 일본을 두둔했던 미국인 스티븐스는 샌프란시스코에서 전명운과 장인환의 총에 맞아 목숨을 잃었고, 이완용은 이재명의 칼에 중상을 입었단다.

을사 오적 암살 사건 후, 나철은 단군을 섬기는 대종교를 창시했어. 대종교는 일본의 탄압에도 불구하고 독립 운동가들에게 큰 영향을 미쳤단다.

본이 러·일 전쟁에서 이긴 뒤 을사조약을 밀어붙이는 것을 보고 안중근은 일본의 속셈을 알아차렸단다. 일본은 입으로는 동양 평화를 외치고 있지만 실제로 바라는 것은 동양을 제 손안에 넣는 것이라는 사실을 말야. 일본의 속셈을 깨달은 안중근은 참된 동양 평화를 위해 을사조약에 앞장선 이토 히로부미를 죽인 거야.

안중근은 《동양평화론》에서 자신이 이토 히로부미를 죽인 것은 '동양 평화를 위한 의로운 전쟁'이었다고 선언했어. 자, 이제 안중근이 이토 히로부미를 왜 죽였는지 정확히 알았지?

안중근의 거사는 우리나라가 일본의 식민지가 되는 것을 막지는 못했어. 이토 히로부미 한 사람이 죽었다고 해서 일본의 정책이 바뀌지는 않기 때문이야. 결국 안중근이 죽은 지 약 1년 뒤, 한일 병합이 이루어지고 말았지. 그러나 안중근의 거사는 일본인, 조선인, 서양인 모두에게 조선이 살아 있음을 보여 주었단다.

"배운 사람 노릇하기 어려워라!"

을사조약과 한일 병합 소식을 듣고 울분을 터뜨린 사람들이 많았어. 그중엔 안중근처럼 총을 들고 행동으로 나선 사람도 있고, 스스로 목숨을 끊음으로써 항거한 사람도 있었어.

황현은 나라 빼앗긴 것을 원통히 여겨 스스로 목숨을 끊은 사람이란다. 죽기 전에 그는 네 편의 시를 지었어. 뜨거운 나라 사랑이 넘쳐흐르는 시들이야. 그중 한 편을 같이 읽어 보자꾸나.

> 새 짐승도 슬피 울고 강산도 찡그리네
> 무궁화 이 나라가 이젠 망해 버렸어라
> 가을 등불 아래서 책 덮고 지난 역사 생각해 보니
> 인간 세상에서 글 아는 사람 노릇 어렵기만 하구나

나라가 망했는데 글 아는 사람, 곧 배운 사람으로서 무엇을 해야 옳으냐고 고민하다가 목숨을 끊는 것으로 자신의 도리를 다하려 한 거야. 세운인 그 심정을 이해할 수 있겠니?

황현 황현은 《매천야록》, 《오하기문》 등의 책과 많은 시를 남겼어. 《매천야록》은 고종 즉위 때부터 한일 병합까지 우리 역사에서 아주 중요한 50여 년간을 직접 보고 들은 대로 기록한 책이야. 1910년 8월 29일부터 황현이 자결한 9월 10일까지는 제자가 썼단다. 사진은 1909년 쉰다섯 살 때 서울의 천연당 사진관에서 찍은 것이야.

황현은 전라도 광양에서 태어나 과거에 일등으로 합격했지만, 당시의 어지러운 정치를 보고 벼슬을 단념하고서 나라의 앞날을 깊이 근심하던 사람이었어. 이완용처럼 최고의 벼슬자리에 있으면서 을사조약과 한일 병합에 찬성한 사람들과는 정말 큰 비교가 되는구나. 황현 외에도 민영환, 이범진 등이 나라 잃은 것을 애통해하며 목숨을 끊었어.

이천만 동포여, 일어나거라!

1919년

학생들 중 한 사람이 단상 위로 올라가 〈독립 선언서〉를 낭독하기 시작했어.
"우리는 여기에 우리 조선이 독립된 나라인 것과 조선 사람이 주인임을 선언하노라.
이것을 세계 모든 나라에 알려 인류가 평등하다는 큰 뜻을 밝히며,
이것을 자손만대에 일러 우리 민족이 독자적으로 생존할 정당한 권리를 영원히 누리게 하노라……."

1905년
대한제국
을사조약 강제로 맺어짐

1907년
대한제국
국채 보상 운동

1909년
대한제국
안중근, 하얼빈에서 이토 히로부미 저격

1919년
일제 시대
3·1 운동이 일어남

"3·1 운동은 왜 하필 3월 1일에 일어났을까?"

"그런 생각 해 본 적 없는데……?!"

그건 고종의 장례식 때문이었어. 고종은 갑자기 세상을 떠났단다.

너무도 갑자기 죽었기 때문에 여러 가지 소문이 떠돌았어.

일본에 의해 독살당했다는 소문, 일본에 끌려간 셋째 아들 영친왕이 일본 공주와

결혼하게 된 것을 못마땅히 여긴 끝에 자살했다는 소문…….

꼬리에 꼬리를 물고 소문이 퍼져 나가면서 일본에 대한 반감과 울분은

하늘을 찌를 듯 높아졌어.

고종의 장례식이 3월 3일이라고 발표되자, 서울에서 열리는 장례식에 참석하기 위해

며칠 전부터 사람들이 모여들었어. 기차를 타거나 배를 타고 그것도 못 탄 사람은

밤길을 꼬박 걸어서 왔단다. 고종의 죽음은 나라 잃은 서러움과 분노를

한층 짙게 느끼게 했어. 누군가 불씨를 당기기만 하면 그대로 화산처럼

폭발해 버릴 듯한 분노였지. 이것이 3·1 운동이 일어나기 직전의 분위기였단다.

어떠니? 세운이도 그 분위기가 느껴지니?

자, 그럼 3·1 운동이 일어난 현장으로 가 보자.

1920년
일제 시대
김좌진, 청산리 전투에서 승리

1923년
일제 시대
방정환, 어린이날 만듦

1923년
일제 시대
일본에서 관동 대학살 일어남

● 3·1 운동은 오래전부터 준비된 것이었어. 천도교, 기독교, 불교 등 종교 단체의 지도자들과 학생들이 중심이 되어 전국적인 독립 운동을 일으킬 계획을 세우고 있었단다. 그러던 차에 고종이 세상을 떠나자, 장례식 때 많은 사람들이 모여들 테니 그때에 맞춰 독립 운동을 일으키자고 결정하게 된 거야. 3월 3일은 장례식 날이니 피하고, 이틀 앞당겨서 3월 1일을 거사일로 잡았지. 3월 1일은 토요일이었단다.

2월 28일 밤, 민족 대표 33인이 결정됐어. 천도교 대표 손병희, 최린, 권동진, 오세창 등 15명, 불교 대표는 한용운과 백용성, 기독교 대표 이승훈, 길선주, 이갑성, 박희도 등 16명이었어. 유교 대표는 참여하지 못했어.

이렇게 종교계 사람들이 민족 대표로 나서게 된 것은 당시 일본의 지배 아래 살아남아 있던 조직적 힘이 종교 단체와 학교뿐이었고, 또 독립 운동가들 중에는 일본의 탄압을 피해 외국에 나가 있

고종의 장례 행렬
고종은 1919년 1월에 갑자기 세상을 떠났어. 일본이 고종이 먹는 식혜에 독을 넣어 죽였다는 소문이 퍼졌단다. 비록 나라는 잃었지만 사람들 마음속에 황제로 남아 있던 고종이 죽자, 장례를 보기 위해 전국에서 사람들이 모여들었어.

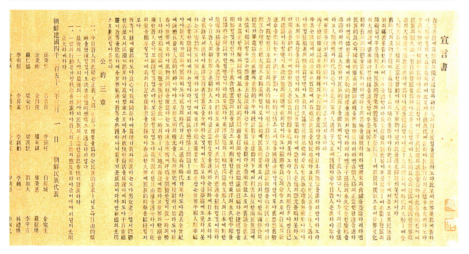

최남선의 〈독립 선언서〉
최남선이 쓴 독립 선언서는 한자가 퍽 많아서 요즘 어린이들이 읽기엔 어려워. 아마 당시에도 공부를 많이 한 사람 아니고서는 읽기 어려웠을 거야. 최남선은 독립 선언서를 쓰긴 했지만 민족 대표 33인에는 참여하지 않았단다. —독립기념관

는 사람들이 많았기 때문이야. 민족 대표들은 최남선이 쓴 〈독립 선언서〉를 인쇄하여 날이 밝는 대로 집집마다 뿌리기로 했단다.

음식점에 모인 민족 대표 33인

이윽고 1919년 3월 1일 아침. 〈독립 선언서〉가 뿌려지고 동대문과 남대문, 숙명 여학교 앞에 독립 운동이 시작되었음을 알리는 글이 나붙었어. 그리고 오후 2시. 탑골 공원이 있는 서울 종로 거리는 사람들로 꽉 찼어. 사람들은 누군가를 기다리고 있었어. 민족 대표 33인을 기다리고 있었지.

그런데 바로 그 시각, 민족 대표들은 탑골 공원 근처에 있는 음식점 태화관에 모여 있었어. 33인 중 지방에서 올라오지 못한 4명을 빼고 29명이 모여 있었단다. 기다리다 못한 학생들이 태화관으로

민족 대표 33인
손병희를 비롯하여 민족 대표들이 태화관에 모여 있는 장면을 그린 기록화야. 민족 대표들이 독립 선언을 한 곳은 탑골 공원이 아니라 종로에 있는 음식점 태화관이었어. 태화관의 주인은 궁궐에서 왕의 수라를 담당했던 안순환이었지. 태화관은 지금은 없어졌고, 그 자리에 태화 빌딩이 서 있단다.
-독립기념관

탑골 공원
3·1 운동이 시작된 곳이야. 서울 종로 3가에 있어. 예전엔 파고다 공원이라고 했지. 파고다는 탑이라는 뜻이야. 원래 이곳은 절터였고, 원각사 10층 석탑이 있었거든. 1897년 이곳에 최초의 서양식 공원을 만들고 파고다 공원이라고 했어. 왼쪽 멀리 보이는 동상은 3·1 운동 때 민족 대표였던 손병희의 동상이란다.

뛰어갔어.

"사람들이 기다리는데 여기서 뭘 하는 겁니까?"

"우리가 나서면 사태가 더 크게 번질 것이네. 그만 돌아가는 게 좋겠네."

학생들은 갑자기 장소를 바꾸면 어떡하냐면서 빨리 탑골 공원으로 가자고 재촉했지만, 민족 대표들은 거절하고 학생들을 돌려보냈어. 그리고 민족 대표들은 태화관에서 〈독립 선언서〉를 낭독하고 독립 만세를 불렀단다. 그때 일본 경찰이 도착했어. 경찰에 연락한 건 다름 아닌 민족 대표들이었다고 해. 그것이 사실이라면, 민족 대표들은 요즘 말로 자수를 한 거야. 경찰은 이들을 다섯 대의 승용차에 태워 데려갔단다.

한편 탑골 공원에서 목 빠지게 민족 대표들을 기다리던 사람들은 태화관에 다녀온 학생의 말을 듣고서 따로 독립 선언식을 갖기로 했어. 그때가 2시 30분쯤. 학생들 중 하나가 단상 위로 올라가 〈독립 선언서〉를 낭독하기 시작했어.

"우리는 여기에 우리 조선이 독립된 나라인 것과 조선 사람이 주인임을 선언하노라. 이것을 세계 모든 나라에 알려 인류가 평등하다는 큰 뜻을 밝히며, 이것을 자손만대에 일러 우리 민족이 독자적으로 생존할 정당한 권리를 영원히 누리게 하노라……."

3·1 만세 운동

탑골 공원에 모인 수많은 사람들은
한 학생이 낭독하는 〈독립 선언서〉를 감격스럽게 들었어.
그런 다음 마침내 만세를 부르기 시작했어.

만세 부르려고 나선 사람들
3·1 운동 때 만세를 부르려고 나온 사람들이 광화문 기념비전 앞에 가득 모였어. 댕기 머리를 늘어뜨린 어린이부터 갓을 쓴 아저씨까지 참 다양한 사람들이 모였구나.

주위는 찬물을 끼얹은 듯이 조용했어. 사람들은 감격스런 마음으로 〈독립 선언서〉의 한 구절 한 구절을 마음에 새겼단다. 한동안 침묵이 흐르더니, 이윽고 만세 소리가 터져 나오기 시작했어.

"대한 독립 만세! 대한 독립 만세!"

만세 소리는 거대한 함성이 되어 하늘과 땅을 뒤흔들었어. 사람들은 행진을 시작했어. 학생들이 노래를 부르며 앞장서고, 그 뒤를 많은 사람들이 따랐단다. 노랫소리가 천지를 뒤흔들었어.

"이천만 동포야 일어나거라, 일어나서 총을 들고 칼을 잡으라, 잃었던 내 조국과 너의 자유를 원수의 손 안에서 피로 찾도록……."

만세 행렬은 갈수록 불어났어. 고종의 장례식을 보기 위해 올라왔던 사람들이 여기저기서 행렬에 합세했기 때문이야.

만세 행렬은 종로, 서울역, 정동, 광화문, 서대문, 서소문으로 나아가며 자꾸자꾸 불어났어. 장사를 하던 상인들은 가게를 닫고 뛰쳐나오고, 부녀자들, 노인들 할 것 없이 모두 거리로 나와 만세를 불렀단다. 할머니들은 길가에 물동이를 늘어놓고 만세를 부르는 사람들에게 물을 떠 주다가, 바가지를 든 채로 두 손을 번쩍 들어 만세를 부르기도 했어. 1919년 기미년 3월 1일의 서울은 만세 소리로 뒤덮였단다.

번지수 틀린 희망, '민족 자결의 원칙'

그런데 이상하지 않니? 왜 민족 대표들은 약속된 장소인 탑골 공원에 나타나지 않고 음식점에 모여 있었을까?

3·1 운동 전날 저녁, 마지막 모임을 가진 민족 대표들은 갑자기

> **❗ 도쿄 유학생들의 2·8 독립 선언**
>
> 3·1 운동보다 먼저 이루어진 독립 선언이 있어. 1918년 11월 만주에서 독립 운동가 39명이 〈대한 독립 선언서〉를 발표한 '무오 독립 선언', 3·1 운동이 일어나기 약 한 달 전인 1919년 2월 8일 일본 도쿄에서 유학생들이 발표한 '2·8 독립 선언' 등이 있단다.
>
>
>
> **일본에서 독립 선언을 한 유학생들** 최팔용, 서춘, 백관수, 이종근, 송계백 등 도쿄 유학생들 4백여 명이 모여 도쿄의 조선 기독교 청년 회관에서 조선의 독립을 선언했어.
>
> 도쿄 유학생들의 2·8 독립 선언은 국내 독립 운동가들에게 커다란 자극을 주어 3·1 운동을 본격적으로 준비하게 했어. 〈2·8 독립 선언서〉의 한 대목을 보자.
>
> "우리 2천만 민족을 대표하여 정의와 자유의 승리를 얻은 세계 만국 앞에 독립을 이루기를 선언하노라……. 우리 민족은 생존을 위하여 자유의 행동을 취하여 이로써 독립을 이룰 것을 선언하노라."

민족 자결의 원칙

'민족 자결의 원칙'이 뭐냐고? 독일이 갖고 있던 식민지들을 독립시켜 주자는 것이란다. 그때는 1차 세계 대전이 막 끝난 뒤였는데, 독일은 전쟁에서 진 패전국이었어. 승전국인 영국, 미국, 프랑스 등은 독일이 다시는 힘을 쓰지 못하도록 독일이 갖고 있던 식민지들을 독립시켜 주자는 데 의견을 모으고 '민족 자결의 원칙'을 내걸었단다.

장소를 바꾸었어. '사람들이 많이 모인 자리에서 독립 선언을 하면 사람들이 흥분한 나머지 폭력 사태를 일으킬지 모른다.'는 이유에서였어.

내세운 이유는 그럴듯했지만 사실 민족 대표들은 전 국민이 참여하여 시위를 벌이는 것으로는 독립을 얻을 수 없다고 생각하고 있었단다. 이들은 국민의 힘을 믿지 않았어. 조선의 독립은 외교로, 또는 강대국들에게 청하여 강대국의 도움을 받아야 이룰 수 있지 국민들의 힘만으로는 이룰 수 없다고 생각한 거야.

민족 대표들이 그런 생각을 하게 된 데는 당시 미국 대통령이었던 윌슨이 제안한 '민족 자결의 원칙'이 큰 영향을 미쳤어.

민족 자결의 원칙으로 독일 식민지들이 독립한다는 소식을 들은 조선의 독립 운동가들은 희망을 품었어. 이 기회에 우리도 독립을 할 수 있지 않겠느냐면서 말야.

그러나 그건 번지수가 틀린 희망이었단다. '민족 자결의 원칙'은 패전국인 독일, 오스트리아, 이탈리아의 지배를 받던 나라들에게만 해당되는 것이었거든. 일본의 지배를 받는 조선에는 해당되지 않는 원칙이었어. 왜냐하면 그때 일본은 승전국인 미국, 영국, 프랑스 등과 같은 편이었기 때문이야. 그러니까 일본의 식민지인 조선이 제아무리 독립을 청해 봤자 같은 편인 미국, 영국 등은 눈 하나 깜짝하지 않을 수밖에.

그러나 당시 조선의 민족 대표들은 이런 국제 정세를 정확히 알지 못하고 서양 강대국들에게 막연한 짝사랑을 보냈던 셈이야. 민족 대표들이 서양 강대국을 믿을 게 아니라, 제 나라 백성들의 뜨거운 독립 의지와 열망을 믿었더라면 얼마나 좋았을까? 3·1 운동의 민족 대표들을 볼 때마다 엄마는 그런 생각을 한단다.

'터졌구나, 조선 독립의 소리'

서울에서 시작된 만세 운동은 전국으로 번져 갔어. 대개 3·1 운동은 3월 1일 하루만 있었던 일이라고 생각하는데, 그렇지 않아. 3월 1일에 시작되어 무려 1년 동안 전국 각지에서 계속되었단다. 전국의 주요 도시와 마을마다 만세 소리가 울려 퍼졌으니, 당시 사람들이 얼마나 간절하게 독립을 원했는지 알 수 있겠지?

처음에는 주로 학생들이 앞장섰지만 시간이 갈수록 농민, 노동자, 상인들이 중심이 되었어. 나라를 찾으려는 애국심에는 남녀노소, 신분과 직업의 차이가 없었으니까. 제주도에서는 어린이들과 부인들이 중심이 되어 만세 운동을 벌였단다. 당시 사람들이 즐겨 부른 독립 운동가를 들어 보렴.

파리 평화 회의에 파견된 대표
중국에 있던 독립 운동가들은 프랑스 파리에서 열린 평화 회의에 대표를 보내 일본이 우리 나라를 강제로 식민지로 만들었다는 것을 알렸어. 앞줄 왼쪽 안경 쓴 사람이 대표로 간 김규식이야.

미국에서 일어난 독립 시위
국내에서 3·1 운동이 일어나자 외국에서도 독립 만세 운동이 일어났어. 사진은 미국에 살고 있는 조선인들이 거리에서 조선의 독립을 요구하는 시위를 벌이는 모습이야.

*聲 소리 성

터젓고나 터젓고나 조선 독립의 성(聲)
10년을 참고 참아 인제 터젓네
삼천리 금수강산 이천만 민족 사랏고나 사랏고나 아 한소리에
만세 만세 독립인 만만세 만만세 조선 만만세

    일본은 만세 운동에 참여한 사람들을 가혹하게 탄압했어. 일본 경찰은 말을 타고 철망치와 몽둥이를 휘두르며 만세를 부르는 사람들을 닥치는 대로 잡아갔단다. 수원 제암리에서는 주민들을 교회에 모이게 한 다음 문을 잠근 채 불을 질렀어. 불타는 교회에서 간신히 빠져나온 사람들에게는 마구 총질을 했지. 결국 수십 명이 한자리에서 목숨을 잃고 말았어. 이런 일들이 전국 곳곳에서 일어났단다.

    얼마나 많은 사람들이 죽고 다쳤을까? 아무도 정확히 모른다. 다만 3월부터 5월까지 두 달간의 통계로 전체 피해자 수를 짐작해

제암리 순국 기념관과 제암 교회
제암리 마을은 일본군들에게 완전히 불타 버렸단다. 사진은 당시 사건을 잊지 않기 위해 세운 기념관과 교회야.

볼 수밖에 없어. 3월부터 5월까지 전국에서 만세 운동이 열린 횟수는 약 1천5백 회, 참가자는 약 2백만 명. 그중 7천5백여 명이 죽고 1만5천여 명이 다쳤으며 4만 6천여 명이 체포되었어. 그러니 약 1년 동안 벌어진 만세 운동으로 얼마나 많은 사람들이 죽고 다쳤는지 짐작할 수 있겠지? 네가 잘 알고 있는 유관순 열사도 그중 한 사람이었단다. 유관순은 이화 학당(지금의 이화여고) 학생으로 만세 운동에 앞장섰다가 체포되어 모진 고문을 당한 끝에 죽었어. 유관순처럼 이름이 남진 않았어도 그와 비슷하게 죽어 간 사람들이 참 많았단다.

이렇게 수많은 사람들의 희생을 낳고서 3·1 운동은 막을 내렸어. 일본의 가혹한 탄압 앞에서 운동을 계속 밀고 나갈 힘이 부족

이화 학당 시절의 유관순
서울 이화 학당에 다니던 유관순은 고향인 천안에 내려가서 만세 운동을 이끌다가 체포되었어. 체포된 유관순은 서대문 형무소에서 고문을 받다가 결국 세상을 떠났단다. 뒷줄 오른쪽 첫 번째가 유관순이야.
-독립기념관

했기 때문이야. 그럼 3·1 운동은 실패한 걸까? 나라의 독립을 얻지 못했으니 실패한 것 아니냐고? 독립을 당장 이루지는 못했지만 3·1 운동은 독립 운동의 새로운 출발점이 되었어.

3·1 운동에 참여했던 사람들은 예전과는 다르게 변화했어. 한 번이라도 만세를 불러 본 사람은 만세를 부를 때 자기 안에서 용솟음쳐 올랐던 벅찬 감동과 해방감을 잊을 수 없었어.

만세 운동 경력이 적힌 학적부
숙명 여자 고등 보통학교 학생 조경민의 학적부야. 학적부는 지금의 생활기록부와 같은 것이지. 1919년 3월 5일 기숙사를 몰래 빠져나가 독립 만세 운동에 참가했다고 적혀 있어.
-숙명여자고등학교

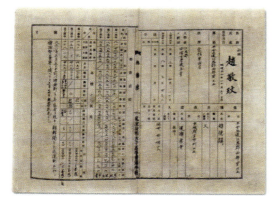

예전엔 독립 운동은 공부를 많이 했거나 생활에 여유가 있는 사람들이나 하는 일이라고 생각했지만, 이제는 노동자든 농민이든 누구나 해야 하고 또 할 수 있는 일이라고 여기게 되었단다. 3·1 운동은 평범한 사람들로 하여금 독립 운동의 주인공이 되게 했어. 그것만으로도 충분히 성공한 것 아니겠니?

서대문 형무소
일제 시대에 수많은 독립 운동가들이 이 감옥에 갇혀 고문을 받거나 사형당했단다. 지금은 서대문 독립 공원이 되어 지난 일을 조용히 말해 주고 있어.

  또한 독립을 이루려면 좀 더 체계적인 준비와 다양한 실천이 필요하다고 깨달은 사람들도 많았어. 이들은 중국의 만주, 러시아의 연해주로 가서 독립 운동에 뛰어들었단다. 그리고 독립 운동의 중심이 될 정부가 필요하다는 생각에서 임시 정부가 세워졌어.

  임시 정부는 중국의 상하이(상해)에 자리 잡고 나라의 이름을 '대한민국'이라고 지었어. 비록 임시이긴 하나 한 나라를 대표하는 정부가 탄생한 거야.

상하이 임시 정부 청사
중국 상하이에 있던 대한민국 임시 정부 건물이야. 3·1 운동 뒤, 임시 정부를 세우자는 운동이 상하이뿐 아니라 러시아, 서울에서도 일어났어. 서울은 물론이고 독립 운동을 위해 중국으로 또는 러시아로 갔던 사람들도 독립 운동의 중심이 될 정부가 필요하다고 느꼈기 때문이지. 상하이, 러시아, 서울에 각각 들어섰던 임시 정부는 의논 끝에 상하이 임시 정부로 통일되었단다.

기생이 앞장선 독립 만세

황해도 해주에서 있었던 일이야. 흰 치마저고리를 입고 머리에 태극 수건을 쓴 다섯 명의 여성이 태극기를 흔들며 외쳤단다.
"대한 독립 만세! 만세!"
곧 일본 경찰이 달려와 이들을 잡아갔어. 그런데 이들은 잡혀가면서도 만세를 부르고 돌을 집어던져 경찰서 유리창을 모조리 깨 버렸어. 이들은 해주의 기생들이었어. 이름은 김월희, 문월선, 김해중월, 문향희, 옥채주.
김월희는 고종의 장례식에 참석하려고 서울에 갔다가 3·1 운동을 체험했어. 그리고 "기생도 이 나라 백성이거늘 어찌 가만히 있을 수 있겠느냐."면서 해주의 기생들을 모아 손가락을 깨물어 피로 태극기를 그린 다음 만세 운동을 벌인 거란다. 일본 경찰은 천한 기생 주제에 뭘 알아서 독립 만세를 불렀겠느냐며 뒤에서 조종한 사람이 누구냐고 고문을 했어. 온몸이 시퍼렇게 멍들고, 불로 지진 상처마다 진물이 흐르고, 매 맞은 자리가 구렁이 감은 듯 부풀어 오르면서도 이들은 굽히지 않았단다.
"우리는 일본 기생과 다르다. 내 나라를 사랑할 줄 아는 한 사람, 한 여자란 말이다!"
해주뿐이 아니었어. 진주, 통영, 수원에서도 기생들의 만세 운동이 일

만세를 부르는 여성들
우리 역사에는 나라가 위기를 맞았을 때마다 제 한 몸 아끼지 않은 여성들이 아주 많아. 본받아야 할 자랑스러운 역사란다. 사진은 3·1 운동 때 앞장서 만세를 부르는 여성들의 모습이야.

어났어. 진주에서는 박금향을 비롯해 32명의 기생이 악대를 앞세우고 태극기를 흔들며 만세를 불렀단다.

"임진왜란을 기억하라! 왜병에게 돌을 던져라!"

기생은 대부분 가난 때문에 팔려 온 여성들이야. 고통을 겪어 본 사람은 남의 고통을 헤아릴 줄 알고 공동체의 소중함도 일찌감치 깨닫게 마련이란다. 그러니 가난과 천대받는 서러움을 누구보다 절실히 느껴 오던 기생들이 독립을 위해 떨치고 일어난 건 당연한 일이었을 거야.

독립군의 두 별, 홍범도와 김좌진

1920년

홍범도는 일본군 지휘관을 겨냥하여 방아쇠를 당겼어.
사냥꾼 출신인 홍범도의 사격 솜씨는 백발백중이었단다.
일본군 지휘관이 쓰러지는 것을 신호 삼아,
독립군의 총이 일제히 불을 뿜었어.
지휘관을 잃은 일본군은 허둥지둥 후퇴했어.
일본군의 전사자는 무려 6백여 명. 전투는 독립군의 대승리였어.
이것이 유명한 '봉오동 전투'란다.

1905년
대한제국
을사조약 강제로 맺어짐

1907년
대한제국
국채 보상 운동

1909년
대한제국
안중근, 하얼빈에서
이토 히로부미 저격

1919년
일제 시대
3·1 운동이 일어남

"엄마, 김좌진이 그렇게 대단한 사람이었어?"

텔레비전 드라마를 보던 세운이가 불쑥 물었어.

김좌진이라는 이름이 여러 번 나오니까 궁금했던 모양이지.

그렇단다. 김좌진은 일제 시대에 이름을 떨친 독립군 대장이야.

독립군이란 나라의 독립을 되찾기 위해

직접 무기를 들고 일본과 싸운 사람들을 말해.

"그럼, 의병하고 같겠네. 안중근은 의병이 되어 일본과 싸웠다는데……."

한일 병합이 되자 의병이었던 사람들은 만주, 시베리아, 연해주에 근거지를 만들고

좀 더 규모 있는 부대를 이루어서 일본과 싸웠어. 이들을 '독립군'이라고 해.

그런데 왜 나라 안에서 싸우지 않고 나라 밖에서 싸웠을까?

그때 조선의 전 국토는 일본의 손에 들어가 있었기 때문에

나라 안에는 독립군이 근거지로 삼을 만한 곳이 없었어.

그래서 한반도와 가장 가까운 만주, 연해주, 시베리아 등을 활동 무대로 삼았던 거야.

독립군은 동에 번쩍 서에 번쩍 하면서 일본군의 간담을 서늘케 했어.

자, 그럼 오늘은 독립군의 활약에 대해 알아보자.

1920년
일제 시대 김좌진, 청산리 전투에서 승리

1923년
일제 시대
방정환, 어린이날 만듦

1923년
일제 시대
일본에서 관동 대학살 일어남

독립군은 하나로 통일된 군대가 아니라, 각각 작은 규모의 부대를 따로 이루고 있었어. 부대 이름도 서로 달랐지. 대한독립군, 북로군정서, 서로군정서…… 이런 식으로 말야. 북로군정서는 만주 최고의 병력과 무기를 갖춘 부대였어. 총사령관 김좌진의 지휘 아래 이범석, 김규식 등 쟁쟁한 인물들이 버티고 있었으며 기관총까지 갖춘 강력한 부대였단다. 그런가 하면 홍범도가 이끄는 대한독립군은 북로군정서보다 규모는 작지만 봉오동 전투에서 눈부신 승리를 거둔 용맹한 부대였어.

김좌진의 북로군정서와 홍범도의 대한독립군, 두 부대는 청산리 전투에서 힘을 합쳐 일본군을 물리쳤단다. 그럼, 먼저 봉오동 전투 현장으로 가 보자.

홍범도 칭송가

홍 대장 가는 길에는
일월이 명랑한데
왜적 군대 가는 길에는
눈과 비가 내린다
에헹야 에헹야 에헹 에헹 에헹야
왜적 군대가 막 쓰러진다

오연발 탄환에는 군물이 돌고
화승대 구심에는 내굴이 돈다
에헹야 에헹야 에헹 에헹 에헹야
왜적 군대가 막 쓰러진다
(이하 생략)

봉오동에서 거둔 승리

봉오동은 만주 왕청현에 자리 잡고 있는 조선인 마을이었어. 높직하게 솟아오른 산을 가운데 두고 양쪽 골짜기에 마을이 들어서 있었지. 홍범도가 이끄는 대한독립군, 최진동이 이끄는 군무도독부군, 안무가 이끄는 국민회군이 봉오동에 모였어. 이들은 홍범도를 총사령관으로 삼고, 산마루에 진을 치고서 일본군을 기다렸어.

1920년 6월 7일 새벽, 드디어 일본군이 봉오동 입구에 나타났어. 곧 치열한 전투가 벌어졌단다. 그런데 별안간 소나기가 쏟아지기 시작했어. 동시에, 안개가 골짜기와 산기슭을 자욱하게 뒤덮어 한 치 앞도 보이질 않게 되었지. 일본군은 그 틈을 타서 독립군이 진을 치고 있는 산마루로 기어오르기 시작했어.

홍범도는 급히 명령을 내렸단다. 더 높은 산봉우리로 올라가라고. 마침 빗발이 더욱 거세지더니 우박이 퍼붓고 천둥과 번개가 천지를 뒤흔들었어. 독립군들은 진지를 빠져나가 더 높은 산봉우리로 올라가서는 몸을 숨겼단다.

마침내 일본군의 한 부대가 산마루에 올라섰어. 그러자 산

봉오동 전투 현장
홍범도가 지휘하는 대한독립군이 일본군과 싸워 큰 승리를 거둔 만주의 봉오동이야. 지금은 저수지로 변해 있어.

봉오동 전투
산봉우리에 숨어 있던 독립군이
아래쪽 산기슭에 있는 일본군을 공격하고 있구나.
봉오동 전투의 승리 소식은 독립군들의 사기를 드높여 주었어.

 기슭에 남아 있던 일본군들은 이들을 독립군으로 착각하고 총을 마구 쏘아 댔단다. 산마루의 일본군도 맞받아 총을 쏘았어. 더 높은 봉우리로 안전하게 피해 있던 독립군들은 일본군이 저희들끼리 총질을 해 대는 것을 내려다보며 홍범도의 다음 명령을 기다렸어.
 드디어 비가 그치고 날이 갰어. 홍범도는 일본군 지휘관을 겨냥하여 방아쇠를 당겼어. 사냥꾼 출신인 홍범도의 사격 솜씨는 백발백중이었단다. 일본군 지휘관이 쓰러지는 것을 신호 삼아, 독립군의 총이 일제히 불을 뿜었어.
 지휘관을 잃은 일본군은 허둥지둥 후퇴했어. 일본군의 전사자는 무려 6백여 명. 전투는 독립군의 대승리였어. 이것이 유명한 '봉오동 전투'란다.

독립 전쟁의 꽃 '청산리 전투'

봉오동 전투 후, 홍범도의 대한 독립군은 백두산 서쪽의 밀림 지대를 향해 이동했어. 안무 부대, 최진동 부대, 왕청현 서대파구에 있던 김좌진의 북로군정서도 백두산 서쪽으로 이동했단다. 그건 일본군이 대규모로 독립군 토벌 작전을 벌인다는 소식이 들렸기 때문이었어.

백두산 서쪽 화룡현에서 만난 홍범도, 김좌진, 안무 등은 회의를 열었단다. 당시 독립군들은 갈수록 심해지는 일본군의 토벌 작전에 대처할 방법을 찾고 있었어. 그 방법 중의 하나는 만주를 떠나 러시아로 가는 것이었어. 그때 러시아는 사회주의 국가였지만 조선 독립군들을 도와주고 있었거든. 독립군들은 러시아로 가서 무기와 식량을 얻고 힘을 길러 일본과 장기전을 준비할 생각을 하고 있었어.

만주의 독립군들이 백두산으로 모여들고 있을 무렵, 일본은 토벌 작전을 개시했어.

"잘 들어라. 우리 대일본 제국 황군

청산리 전투에 사용된 무기
북로군정서는 최고의 병력과 무기를 갖춘 부대였어. 사진은 독립군이 사용한 소총과 탄약이야.

청산리 전투 기록화
만주 화룡현 청산리. 굵직한 나무들이 빽빽이 들어서 있는 골짜기에서 치열한 전투가 벌어지고 있어. 청산리 전투는 1920년 10월 21일부터 26일까지 청산리 일대에서 벌어진 10여 차례의 크고 작은 전투를 통틀어 부르는 이름이야.
-독립기념관

의 명예를 땅에 떨어뜨린 저 조선의 독립군 부대를 반드시 전멸시켜야 한다. 알았나?"

　일본군 지휘관 아즈마 소장은 외쳤어. 드디어 1920년 10월 21일 아침 8시쯤, 일본군 보병 1개 중대가 화룡현 청산리의 백운평 골짜기로 접어들었어. 그러나 골짜기 양편에는 이미 김좌진이 지휘하는 북로군정서군이 숨어 있었지. 김좌진은 낮은 소리로 명령했어.

　"자, 놈들이 보이기 시작한다. 모두들 내가 지시하기 전에는 절대로 쏘지 마라. 놈들 전체가 백운평 안으로 들어설 때까지 기다려야 한다. 숨소리도 내선 안 된다."

　이윽고 일본군 1개 중대가 백운평 골짜기 안으로 완전히 들어서자, 김좌진은 벌떡 일어서면서 외쳤단다.

　"자, 지금이다. 발사!"

　천지를 진동하는 함성 소리와 함께 기관총과 소총이 불을 뿜었

독립군 부대는 조선인들이 많이 살고 있는 지역에서 활약했어. 만주의 북로군정서, 서로군정서, 대한독립군, 광복군 사령부, 그 밖에도 여러 독립군 부대가 있었단다.

어. 기습을 당한 일본군은 순식간에 쓰러졌어. 기습 작전은 대성공이었단다. 그러나 김좌진은 부르짖었어.

"아직 기뻐하기는 이르다. 이제 곧 놈들의 주력 부대가 도착할 것이다. 자! 싸움은 이제부터다. 일본놈들을 단 한 명이라도 살려 보내서는 안 된다. 알겠는가?"

이 전투가 청산리 일대에서 6일 동안 벌어진 10여 차례 전투 중 첫 번째인 '백운평 전투'란다. 이처럼 청산리 일대에서 벌어진 크고 작은 전투들을 통틀어 '청산리 전투'라고 해. 독립군은 홍범도, 김좌진, 최진동을 중심으로 연합군을 이루어 맹렬하게 싸운 끝에 승리를 거두었어.

어떤 사람들은 청산리 전투는 김좌진의 북로군정서가 홀로 싸운 전투라고 주장하는데, 북로군정서의 활약이 컸던 건 사실이지만 홍범도의 대한독립군을 비롯하여 몇 개의 독립군 부대들이 연합하여 싸운 전투였단다.

봉오동과 청산리에서 연달아 패한 일본군은 약이 바짝 올라 만주의 간도에 살고 있던 조선인의 집과 학교를 불태우고, 죄 없는 수많은 조선인들을 마구 죽였단다. 이 사건을 '간도 학살 사건' 또는 '경신 참변'이라고 불러.

사냥꾼 출신 홍범도, 명문 출신 김좌진

홍범도와 김좌진은 둘 다 훌륭한 독립군이었지만, 자란 환경은 전혀 달랐어. 홍범도는 1868년 평양의 가난한 집에서 태어나 머슴살이, 공장 노동자, 사냥꾼, 광산 노동자 등 힘든 일은 안 해 본 것이 없을 정도였단다.

그는 스물일곱 살 무렵에 의병이 되어, 사냥꾼 출신답게 뛰어난 사격 솜씨로 일본군의 간담을 서늘하게 했어. 한일 병합이 되자 만주로 가서 독립군이 되었지. 홍범도는 그의 명성을 듣고 모여든 독립군들의 지도자가 되었단다.

김좌진은 충청남도 홍성의 명문 양반 집안에서 태어났어. 1889년에 태어났으니 홍범도보다 나이가 스물한 살이나 적었단다. 호는 '백야'. 김좌진은 국내에서 독립 운동 단체를 만들어 활동하다

간도의 용정
해란강이 흐르는 용정은 조선인들이 많이 사는 곳이었어. 3·1 운동 후에는 더 많은 조선인들이 이곳으로 모여들었단다. 상업의 중심지이자 독립 운동가들의 활동 무대였어. 사진은 1910년대의 모습이야.

김좌진(왼쪽)과 홍범도(오른쪽)
나라가 독립을 되찾으려면 직접 무기를 들고 일본과 싸워야 한다고 생각한 사람들이 독립군이 되었단다. 김좌진과 홍범도도 그런 사람들이었어. 김좌진은 만주에서 독립 운동을 하다가 조선인의 총에 맞아 세상을 떠났고, 홍범도는 중앙아시아의 카자흐스탄으로 강제 이주당하여 거기서 살다가 죽었어. 지금도 카자흐스탄의 한인들은 홍범도를 영웅으로 떠받든다고 해.

가, 직접 총을 들고 일본과 싸워야겠다고 결심하고는 만주로 갔어. 그는 북로군정서의 총사령관이 되고, 독립군 훈련소를 만들어 엄한 훈련을 시켰어.

청산리 전투 후 홍범도와 김좌진은 어떻게 되었을까? 홍범도는 부대를 이끌고 러시아로 갔고, 김좌진은 러시아로 가다가 되돌아왔어. 러시아로 간 홍범도는 연해주에서 살다가, 1937년 중앙아시아의 카자흐스탄으로 가게 되었어. 그때 러시아는 연해주에서 살고 있던 18만 명이나 되는 조선인들을 강제로 중앙아시아로 보내 버렸단다. 이것을 '연해주 강제 이주'라고 해. 이 강제 이주에 대해서는 나중에 따로 자세히 얘기해 주마. 이때 강제 이주당한 사람들의 후손은 지금도 중앙아시아 곳곳에서 살고 있어.

홍범도는 카자흐스탄에서 1943년 일흔다섯 살로 세상을 떠났어. 지금도 만주나 중앙아시아의 한인들 사이에서 홍범도는 영웅으로 받들어지고 있단다. 그의 일생은 소설로 쓰여지고 연극으로도 만들어져 공연되었어.

한편 러시아로 가다가 되돌아온 김좌진은 만주에서 독립 운동을 계속했어. '신민부'라는 단체를 만들어 활동했단다. 김좌진은 철저한 반공주의자였어. 독립 운동을 하되 공산주의자와 함께해서는

김좌진이 태어난 집
김좌진은 양반 집안에서 태어나 독립군 총사령관이 되었지. 사진은 김좌진이 태어난 집이야. 충청남도 홍성군에 있어.

안 된다는 생각에 공산주의자들을 멀리했지. 그러던 1930년 1월, 김좌진은 한 조선인 청년의 총에 맞아 숨을 거두었어. 사람들은 그 청년을 공산주의자라고 생각했단다.

독립 운동에 몸 바친 김좌진이 일본인도 아닌 같은 조선인에게 죽었다니, 이해가 잘 안 된다고? 당시 독립 운동가들 중에는 공산주의를 지지하는 사람과 그렇지 않은 사람이 있었어. 일본은 양쪽을 부추기면서 싸움을 붙이곤 했단다. 공산주의를 지지하든 안 하든 조국의 독립을 위해 싸우는 건 매한가지였는데도 불구하고 양쪽은 갈수록 사이가 나빠졌어. 또, 일본의 밀정 노릇을 하는 조선인들이 많았기 때문에 조선인끼리도 서로 완전히 믿기가 쉽지 않았단다. 김좌진의 죽음은 그런 와중에 일어난 불행한 사건이었어.

홍범도나 김좌진뿐 아니라, 만 35년간 계속된 일제

김좌진의 단장지통 비석
김좌진이 독립군을 이끌면서 일본군과 싸우던 때의 심정을 표현한 시를 새긴 비석이야. '단장지통'은 창자가 끊어질 듯 아픈 마음이란 뜻이야. 충청남도 천안시 독립 기념관에 있어.

독립군 무명용사 위령탑
독립을 위해 싸우다 죽은 이름 모를 병사들을 위로하기 위해 2002년에 세운 탑이야. 국립 서울 현충원에 있어.

시대 내내 셀 수 없이 많은 사람들이 고향을 떠나 머나먼 외국 땅에 가서 목숨을 걸고 싸웠단다. 그들은 벌판에서, 산속에서 싸우다가 생명이 끊어지는 마지막 순간까지도 잃어버린 나라의 독립을 생각했어.

자, 다음은 독립군들이 즐겨 불렀던 〈전시가〉라는 노래란다. 노랫말에 담긴 독립군의 뜨거운 나라 사랑을 느껴 보렴.

남북 만주 광활한 험한 악수에
결심 품고 다니는 우리 독립군
천신만고 모두 다 달게 여기어
피눈물 뿌림이 그 몇 번인가

부모 형제 친구들 모두 이별하고

수십 년을 이와 같은 생활 하면서

무궁화 반만년 다시 필 때에

우리 자손 영원무궁하리라

❗ 독립군을 있게 한 숨은 공로자들

독립군이 거둔 승리의 뒤편에는 독립군을 도운 숨은 공로자들이 있었어. 바로 만주에 살고 있던 조선인들이었단다.

고국에서는 살 수가 없어 만주에 와서 농사를 지으며 살고 있던 이들은 독립군에게 없어서는 안 될 힘이 되어 주었어. 이들은 독립군에게 먹을 것과 숨을 곳을 주었단다. 또, 일본군에 대한 정보를 알려 주기도 했어.

그러자 일본은 조선인 마을을 독립군의 근거지라 하여 마구 불태우고 조선인들을 닥치는 대로 죽이곤 했단다.

폐허가 된 조선인 농가
일본군은 독립군을 토벌한다는 핑계로 만주에 살고 있던 수많은 조선인들을 죽이고 집과 학교를 불태웠단다. 그러나 조선인들의 독립을 향한 의지는 꺾이지 않았어. 사진의 부서진 집 마당에는 소가 죽어 있구나.

조선의용군 부녀 대장, 이화림

일본과 싸우는 데는 남녀가 따로 없었어. 여자 의병이 있었던 것처럼 독립군에도 여성들이 많았단다. 그중 한 사람이 조선의용군 부녀 대장 이화림이야.

이화림의 본명은 이춘실. 1905년 평양에서 태어나 유치원 선생님이 될 생각으로 학교에 다니다가, 스물다섯 살 때 독립 운동에 뜻을 두고 중국으로 갔어. 상하이 임시 정부의 김구 밑에서 비서 노릇을 하던 이화림은 임시 정부의 일을 그만두고, 중국의 대학에 들어가 법학과 의학을 공부했어. 그리고 조선의용군 대원이 되어 죽음을 넘나드는 전투를 치르며 중국 대륙 서쪽 깊숙이 있는 태항산까지 갔단다. 태항산은 해발 2, 3천 미터를 훌쩍 넘는 산들이 줄지어 서 있는 곳이야. 곡식이 나지 않는 산악 지대라 대원들의 살림살이는 말이 아니었어. 부녀 대장 이화림은 여성 대원들을 이끌고 태항산 기슭에 난 돌미나리를 캐어 김치를 담그고 반찬을 만들었단다. 도토리를 삶아서 가루를 내 먹기도 했어. 하루는 나물을 캐며 노래를 지어 대원들에게 가르쳐 주고, 점심시간에 합창 공연을 했단다. 민요 '도라지' 가락에 가사만 바꾼 '미나리 타령' 이었어.

> 미나리, 미나리, 돌미나리 태항산 골짜기의 돌미나리
> 한두 뿌리만 뜯어도 대바구니가 찰찰 넘치누나
> 에헤야 데헤야 좋구나 어여라 뜯어라 지화자자 캐어라
> 이것도 우리의 혁명이란다

해방 후 이화림은 중국에 남아서 의학 공부를 계속했어. 해방된 조국에 꼭 필요하리란 생각에서였지. 하지만 조국으로 돌아오지 못하고 그곳에서 의사가 되었단다. 그리고 북경 교통부, 위생부 간부를 비롯해 여러 직책을 거친 다음, 1999년경 세상을 떠났어. 스무 살 꽃다운 시절부터 아흔 살 할머니가 되기까지 항일 전사로 중국 대륙을 누빈 이화림. 그는 사랑도 꿈도 하나뿐인 생명까지도, 모두 조국에 바쳤단다.

조선의용군 여성 대원들 조선의용군은 1938년 김원봉을 중심으로 하여 중국에서 만들어진 독립군 부대였어.

일제 시대 내내 중국, 러시아에서는 여러 독립군 부대들이 활약했어. 양서봉(양세봉이라고도 해.)이 총사령관이었던 조선혁명군, 이청천(지청천이라고도 해.)이 총사령관이었던 한국독립당군, 이화림이 속했던 조선의용군, 동북항일연군, 상하이 임시 정부의 군대인 한국광복군……. 숫자가 많은 만큼 갖고 있는 사상과 믿음도 다양했어. 그중에서 이화림이 속한 조선의용군과 만주에서 활동한 동북항일연군은 사회주의를 따르는 군대였단다. 조선의용군은 중국의 서쪽 지방인 태항산까지 가서 모택동이 이끄는 중국 공산당과 손잡고 일본과 싸웠어. 동북항일연군은 중국과의 연합군이었는데 그중 조선인 부대를 지휘한 사람이 김일성이야.

일본과 싸운 여러 독립군 부대들은 비록 사상이나 믿음은 달랐을지라도, 나라와 민족의 해방을 위해 삶과 죽음이 엇갈리는 전쟁터에서 목숨을 걸고 싸운 것은 같았단다.

방정환과 '어린이날'

1923년

〈어린 동무들에게〉

돋는 해와 지는 해를 반드시 보기로 합시다.
어른들에게는 물론이고 당신들끼리도
서로 존대하기로 합시다.
뒷간이나 담 벽에 글씨를 쓰거나
그림 같은 것을 그리지 말기로 합시다.
꽃이나 풀을 꺾지 말고 동물을 사랑하기로 합시다.
전차나 기차에서는 어른에게 자리를 사양하기로 합시다.

1905년
대한제국
을사조약 강제로 맺어짐

1907년
대한제국
국채 보상 운동

1909년
대한제국
안중근, 하얼빈에서
이토 히로부미 저격

1919년
일제 시대
3·1 운동이 일어남

"날아라 새들아 푸른 하늘을…… 오늘은 어린이날 우리들 세상."
누구나 알고 있는 '어린이날' 노래야.
모든 어린이들이 손꼽아 기다리는 날.
맛있는 것 실컷 먹고, 갖고 싶은 선물도 받고, 온종일 놀아도
공부하라는 잔소리 안 듣는 날. 요즘 어린이들에게 어린이날은 그런 날이야.
어떤 사람들은 말해.
요즘은 옛날과 달라서 매일같이 어린이날인데 굳이 따로 기념할 필요가 있냐고.
하긴 부모의 자식 사랑이 지나쳐서 '왕자병, 공주병'에 걸린 어린이가 많다니
그런 말을 할 만도 해.
그런데 어린이날이 처음 생겼을 때는 지금과 전혀 달랐어.
그때는 어린이는 어른에게 무조건 복종하고 순종해야 하는 존재였단다.
가난에 쫓긴 나머지 버림 받거나 공장에 들어가 고된 일을 해야 하는 어린이도 많았어.
그런 때에 어린이날은 어린이의 최소한의 권리를 지켜 주고,
나라 사랑하는 마음을 길러 주기 위해서 만든 것이었어.
지금처럼 마냥 놀기만 하는 날이 아니었단다.
자, 그럼 어린이날이 어떻게 탄생했는지 알아보자꾸나.

1920년
일제 시대
김좌진, 청산리 전투에서 승리

1923년
일제 시대 방정환, 어린이날 만듦

1923년
일제 시대
일본에서 관동 대학살 일어남

일본 도요 대학에서 공부하는 유학생 방정환은 친구들을 만날 때마다 이렇게 설득하고 다녔어.

"자네, 출세하면 뭘 하나. 우리 세대는 말과 노래를 잃고 이렇게 울며 지내더라도 다음 세대에게는 우리나라, 우리 문화와 역사를 다시 찾아 주도록 해야 하지 않겠나."

방정환은 어린이들을 잘 가르치고 키우는 것이야말로 무엇보다 중요한 일이라고 믿고 있었단다. 그래서 방정환은 친구들과 함께 소년 운동 단체를 만들기로 했어. 단체 이름은 친구 윤극영의 제안으로 '색동회'라고 지었어. '색동' 하면 색동저고리가 생각나지 않니? 색동저고리는 아이들이 명절 때 입는 우리 옷이고, 명절 하면 잔치, 기쁜 날이 떠올라.

색동회라는 이름을 제안한 윤극영은 나중에 작곡가가 되어 '푸른 하늘 은하수 하얀 쪽배에……'라는 유명한 동요 〈반달〉을 작곡했단다. 그러나 이때는 작곡이 아니라 기악을 공부하는 학생이었어.

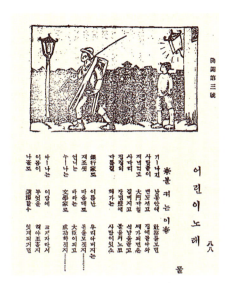

어린이 노래
방정환이 '어린이'라는 말을 처음 쓴 글이야. 1920년 《개벽》이라는 잡지에 〈불 켜는 이〉라는 외국 시를 번역하여 실으면서 '어린이 노래'라고 했어.

원래 어린이날은 '5월 1일'

방정환과 친구들은 색동회를 만드는 것과 동시에, '어린이날'을 만들어 기념행사를 열기로 했어. 행사 날짜는 1923년 5월 1일, 장소는 서울의 천도교 강당으로 결정했단다. 그러니까 원래 어린이날은 5월 5일이 아니라 5월 1일이었던 거야.

1923년 5월 1일, 드디어 1회 어린이날 기념행사가 열렸어. 주최는 소년 운동 협회. 소년 운동 협회는 색동회, 천도교 소년회, 불교 소년회, 반도 소년군 등 40여 개의 소년 단체가 모인 것이었지. 떠들썩한 기념식이 열리고, 행사가 끝난 뒤에는 어린이 50명을 한 조로 하여 네 조가 시내를 돌며 어린이날을 선전하는 전단지 12만 장을 뿌렸어. 전단지에는 이런 글이 실렸단다.

〈어린이날의 약속〉

오늘 어린이날, 희망의 새 명절 어린이날입니다. 우리들의 희망은 오직 한 가지 어린이를 잘 키우는 데 있을 뿐입니다……. 어린이는 어른보다 더 새로운 사람입니다. 내 아들놈, 내 딸년 하고 자기 물건같이 여기지도 말고, 자기보다 한결 더 새로운 시대의 인물인 것을 알아야 합니다. …… 어린이를 어른보다 더 높게 대접하십시오. …… 어린이를 결코 윽박지르지 마십시오. …… 어린이의 생활을 항상 즐겁게 해 주십시오. …… 항상 칭찬하며 기르십시오…….

어린이날 기념행사는 해를 거듭할수록 뜨거운 호응을 얻었어.
1924년에 열린 2회 어린이날 기념행사에는 어린이들 약 천 명이

어린이날 시가행진
어린이날 기념식이 끝난 뒤 어린이들이 거리를 행진했어.
어린이날을 알리는 홍보물을 나눠 주기도 하고 만세를 외치기도 했단다.
어른들이 신기하고 재미있다는 얼굴로 구경하고 있구나.

어린이날 표어
1923년 5월 1일에 1회 어린이날 기념식이 있었고, 그 후 1928년에 5월 첫째 일요일로 어린이날이 바뀌었어. '잘살려면 어린이를 위하라!!', '희망을 살리자! 내일을 살리자!' 라고 쓰여 있구나. -독립기념관

모였어. 특히 이때는 5월 1일 하루에 행사를 끝내지 않고 '어머니 대회', '아버지 대회' 같은 다양한 프로그램을 만들어 5월 1일부터 4일까지 연달아 행사를 했어. 그때 초등학교 2학년생으로 행사에 참가했던 조풍연은 훗날 소설가가 되어 그날 시가행진을 했던 경험을 이렇게 말했단다.

"재동 네거리에서 안국동으로, 안국동에서 종로로, 그리고 종로3가에서 꺾어져 오는 것이었으므로 거리는 짧았지만 길가의 어른들이 모두 별난 구경거리라고 나와서 구경하였다. 구경거리의 주인공이 되었으니 우리는 유쾌하였다. 중간에 선도자가 있어서 '어린이 만세!' 하고 외치면 우리는 덩달아 외쳤다. 어른들이 처음 보는 광경이라 어리둥절하는 것이 재미있었다."

어린이날은 1928년부터는 5월 첫째 일요일로 바뀌었어. 5월 1일은 노동자들의 명절인 노동절과 겹치고, 또 일요일이 아니라서 많은 사람들이 참여하기가 곤란하다는 이유에서였지. 그런데 1937년부터 일본은 어린이날 행사를 금지시켰어.

어린이날은 해방 후 다시 부활되어, 1946년에 5월 5일을 어린이날로 정했단다. 아 참, 어린이날이 처음부터 공휴일이었던 건 아냐. 공휴일이 된 건 1975년부터란다.

방정환 동상

서울 광진구 능동 어린이 대공원에 있는 방정환 동상이야. 방정환은 "나라와 민족의 장래를 위해 어린이에게 10년을 투자하라."고 말했어. 일본에게 나라를 빼앗기고 가난과 굶주림에 시달리던 시절, 방정환은 어린이들을 위해 한평생을 산 어린이의 벗이었어.

늙은이, 젊은이, 어린이

방정환은 어린이날을 처음 만들었을 뿐 아니라, '어린이'라는 말을 널리 퍼뜨린 사람이기도 해. 그전에는 '아동, 소년'이란 말을 썼단다. 방정환은 늙은이, 젊은이 하는 것과 마찬가지로 아동을 한 인격체로 인정해 주어야 한다는 뜻에서 '어린이'라 부르자고 했어. '어린이'라고 부르면 존귀스럽게 여겨지고, 또 큰사람으로 자랄 가능성이 느껴진다면서 말야. 그게 바로 말의 힘이고, 말의 힘은 총칼보다도 훨씬 강하다는 게 방정환의

손병희

손병희는 셋째 딸 용화와 방정환을 결혼시켰어. 집안이 가난해 초등학교만 마치고 직장에 다니던 방정환은 천도교를 열심히 믿었는데, 무척 착실한 청년이란 소문이 손병희의 귀에 들어가 결혼하게 되었단다.

신념이었지.

방정환이 어린이 존중 사상을 갖게 된 건 동학의 영향 때문이었어. '사람이 곧 하늘'이라는 동학의 인내천 사상은 방정환의 어린이 존중 사상에 짙게 깔려 있어.

세운이도 잘 알고 있겠지만 동학은 최제우가 창시한 종교 아니냐. 동학은 1905년에 '천도교'로 이름을 바꾸었어. 최제우, 최시형의 뒤를 이어 3대 천도교 교주가 된 사람은 3·1 운동 때 민족 대표 중의 한 사람이었던 손병희였는데, 방정환은 손병희의 셋째 사위란다.

가난하고 배고픈 어린이들

방정환은 '어린이를 칭찬하며 키워라.', '이발이나 목욕을 제때 시켜 줘라.' 하고 어른들에게 신신당부했어. 그거야 당연한 거 아니냐고 세운인 시큰둥할지 모르지만, 당시 대부분의 사람들에게는 무척 낯설고 먼 얘기였단다. 왜냐하면 너무 살기 힘들었기 때문이야. 먹고사는 문제가 제대로 해결되지 않는데 그 밖의 것을 생각할 겨를이 없었던 거지. 당시 사람들이 어떻게 살았는지 예를 한번 들어 보마.

1933년 함경남도 덕원의 어떤 시골 마을에서 있었던 일이야. 길가의 허름한 집에 일가족 다섯 명이 힘없이 드러누운 채 뭔가를 먹고 있었어. 어른 아이 할 것 없이 눈언저리가 보라색으로 부어 있고

가마니 시장의 어린이들
가마니를 팔러 나온 어린이들이야. 가난 속에서도 열심히 살아가는 어린이들에게 방정환은 희망을 주고 싶었을 거야.

온몸에 물집이 잡혀 있었지. 말할 기운도 없어 보였어. 그 집을 찾아간 사람이 무엇을 먹고 있냐고 묻자, 아이 아버지가 모기만 한 소리로 대답했단다. 배가 고파서 피와 겨에 콩, 깻묵을 섞은 것을 먹고 있다고. 이거나마 떨어지면 무 뿌리나 칡 뿌리를 먹어야 한다고.

그때 갑자기 아이가 배가 아프다며 엉엉 울기 시작했단다. 아이 아버지는 '쯧쯧' 하고 혀를 차더니 우는 아이를 안고 집 밖으로 나갔어. 궁금하여 따라 나가 보았더니, 한 자 정도 되는 몽둥이 끝으로 아이의 궁둥이를 찌르는 거야. 아이는 심한 변비에 걸려 있었어. 잠시 후 아이는 아버지에게 안긴 채 울며 돌아왔단다. 아버지는 말했어. '어른은 수수를 먹어도 괜찮지만 아이들은 소화가 안

토막민들이 사는 움막
1936년 무렵 서울의 토막민은 무려 11만 명이었어. 그때 서울 인구가 60만 정도였으니까 서울 사람 여섯 중 한 명은 토막민이었던 셈이야.

*土 흙 토
幕 장막 막
民 백성 민

돼서 배가 아파 울고, 쌀겨도 아이들은 배가 아파 곤란하다.'고 말야.

시골뿐 아니라 서울에도 가난한 사람들은 너무나 많았어. 서울에 사는 가난한 사람들은 시골에서 더 이상 살 수 없어 올라온 사람들이었지. 이들은 야트막한 산기슭이나 개천 옆, 다리 밑 같은 데에 움막을 짓고 살았어. 이들을 '토막민'이라고 해.

당시 서울 한복판은 조선 총독부를 비롯해서 번듯한 서양식 건물이 들어서고, 전차와 자동차가 오가고, 화려한 다방과 요릿집이 있었지만, 조금만 벗어나면 비위생적이고 허름하기 짝이 없는 움막에서 토막민들이 살고 있었단다.

토막민은 풀뿌리와 나무껍질로 죽을 끓여 먹는 형편이라, 아이들은 영양실조와 병에 걸리곤 했어. 한겨울에도 옷은 한 벌뿐이었고, 온 가족이 이불 한 장으로 추운 밤을 견뎌야 했단다. 학교는 다닐 생각도 못한 채 한 푼이라도 돈을 벌기 위해 공장에 나가는 아이들이 많았어. 그래서 일제 시대에 웬만큼 큰 공장에는 전체 노동자의 약 4분의 1이 어린이 노동자였단다.

자, 일제 시대 대부분의 어린이들은 요즘 어린이들과 달리 '공부하고 노는 것' 대신에 가난과 굶주림에 시달렸다는 것을 알았지? 그런 때에 방정환은 어린이날을 만들어 어린이를 아끼고 존중하자고 했어. 살기 어렵다고 어린이들을 내버려 둘

노동자 생활
1920년대 말 노동자는 20만 명 정도였어. 그중 여성 노동자가 전체의 35퍼센트나 되었으며, 어린이 노동자도 7.5퍼센트나 되었단다. 이들은 주로 일본인이 주인인 공장에 들어가 나쁜 작업 환경 속에서 힘들게 일하고 있었어.

것이 아니라, 그럴수록 미래의 희망인 어린이들을 잘 키워야 한다고 말이지. 그러고 보면 방정환의 어린이 운동은 어른들의 사고방식을 바꾸는 '생각 바꾸기' 운동이기도 했던 거야.

소년 소녀를 위한 잡지 《어린이》

방정환이 어린이날 못지않게 공들인 일이 있어. 소년 소녀 잡지 《어린이》를 만드는 일이야. 지금은 다양한 어린이 잡지들이 쏟아져 나오고 있지만, 그때는 어린이들을 위한 잡지가 하나도 없었거든. 《어린이》에는 창작 동화, 창작 동요, 동시가 발표되었어. 오늘날 한국 아동 문학의 주요 인물로 꼽히는 윤석중, 이원수, 강소천, 마해송, 최순애 같은 작가들이 이때 《어린이》를 통해 등장한 사람들이란다.

잡지 《어린이》
《어린이》는 1923년 3월 창간호를 내고 신문 광고를 크게 했단다. "어떻게 하면 남보다 낫게 키울까? 그것을 위하는 한 가지 일로 우선 시작한 것이 《어린이》입니다. …… 당신이 먼저 《어린이》를 읽으시고 그 책을 자녀에게 읽히시오." 광고만 봐도 꼭 읽어 보고 싶구나. -천도교중앙총부

방정환은 1931년 서른세 살의 나이로 세상을 떠났어. 지나친 과로로 신장병과 고혈압에 걸렸거든. 그가 남긴 〈어린 동무들에게〉라는 글은 지금 읽어 보아도 참 좋아.

〈어린 동무들에게〉
돋는 해와 지는 해를 반드시 보기로 합시다.

❗ '독립'은 언제 되나요?

"퐁당퐁당 돌을 던지자, 누나 몰래 돌을 던지자."라는 동요의 노랫말을 쓴 윤석중 시인의 작품 중에 〈독립〉이란 동시가 있단다. 같이 읽어 보겠니?

길가에 방공호가 하나 남아 있었다.
집 없는 사람들이 그 속에서
거적을 쓰고 살고 있었다.
그 속에서 아이 하나가
제비 새끼처럼 내다보며 지나가는 사람에게 물었다.
"독립은 언제 되나요?"

동시 속의 어린이는 나라가 독립하면 자기도 잘살 수 있으리라는 꿈을 갖고 있었나 봐. 식민지 시절에는 이 동시 속의 어린이처럼 거적을 쓰고 굶주림을 참으며 사는 어린이들이 참 많았어. 세운이 할머니, 할아버지도 바로 그런 힘든 시절에 사셨던 분이란다.

어른들에게는 물론이고
당신들끼리도 서로 존대하기로 합시다.
뒷간이나 담 벽에 글씨를 쓰거나
그림 같은 것을 그리지 말기로 합시다.
꽃이나 풀을 꺾지 말고 동물을 사랑하기로 합시다.
전차나 기차에서는 어른에게 자리를 사양하기로 합시다.
입은 꼭 다물고 몸은 바로 가지기로 합시다.

자, 어린이날은 식민지 시대에 우리 어린이들을 밝고 건강한 미래의 희망으로 키워 내기 위해 만든 날이었어. 앞으로는 어린이날이 되면 놀 생각만 하지 말고 그 뜻을 새겨 보는 게 어떻겠니? 친구나 동생들에게도 어린이날이 만들어진 이유와 의미를 설명해 주면 정말 좋을 거야.

방정환의 〈어른들께 드리는 글〉
"어린이를 내려다보지 마시고 쳐다보아 주시오, 어린이에게 경어를 쓰시되 늘 부드럽게 하여 주시오, 이발이나 목욕 같은 것을 때맞춰 하여 주시오, 잠자는 것과 운동하는 것을 충분히 하게 하여 주시오……." 방정환이 1회 어린이날에 발표한 글이야. 이 글을 새긴 비석이 독립 기념관에 있단다.

세계 어린이 운동 발상지 기념비
방정환의 어린이 운동을 기념하여 2000년에 서울 천도교 대교당 앞에 세운 기념비야. 비문에 "어른이 어린이를 내리누르지 말자. 삼십년 사십년 뒤진 옛 사람이 삼십 사십년 앞 사람을 잡아끌지 말자."라고 쓰여 있단다.

김소월과 《진달래꽃》

나 보기가 역겨워 가실 때에는
말없이 고이 보내 드리오리다
영변에 약산 진달래꽃
아름 따다 가실 길에 뿌리오리다
가시는 걸음걸음 놓인 그 꽃을
사뿐히 즈려밟고 가시옵소서
나 보기가 역겨워 가실 때에는
죽어도 아니 눈물 흘리오리다

김소월의 시집 《진달래꽃》
김소월은 평안북도 구성에서 태어나 일본 유학을 갔다가 관동대지진이 일어나자 공부를 그만두고 돌아왔어. 그 뒤 사업을 했지만 실패하고, 서른네 살 때 그만 스스로 목숨을 끊었단다. 시집으로 1925년에 낸 《진달래꽃》이 있어.

세운이도 잘 아는 가수가 부르는 가요라고? 글쎄 그렇기도 하다마는, 원래는 일제 시대에 김소월이라는 시인이 쓴 시 〈진달래꽃〉이란다. 김소월의 본명은 '김정식'이야.

김소월은 〈진달래꽃〉 말고도 〈산유화〉, 〈예전엔 미처 몰랐어요〉, 〈먼 훗날〉, 〈엄마야 누나야〉, 〈못 잊어〉 등 아름다운 시를 여러 편 썼어. 그의 시는 구슬프게 아름다우면서도 편안하단다. 그래서 노래로 만들어져 널리 불리는 것들이 많아.

김소월은 방정환처럼 일본 유학생이었어. 도쿄 상과 대학을 다니다가 도쿄에서 관동 대지진이 일어나자 공부를 그만두고 돌아왔지. 일제 시대에는 김소월이나 방정환처럼 일본 유학길에 오른 젊은이들이 많았어. 호랑이를 잡으려면 호랑이 굴로 들어가야 한다는 말처럼, 일본에서 배울 건 배워야 한다는 생각에서였단다. 일본은 우리보다 앞서서 서양 문물을 받아들인 나라였으니까 말야. 일본 유학생들은 새로운 사상과 문화를 국내에 들여오는 데 큰 역할을 했어.

관동 대학살과 연해주 강제 이주

1923년

연해주에 살고 있던 조선인들에게 갑자기 다른 곳으로 이주하라는 명령이 떨어졌어.
이유는 조선인들이 일본의 간첩 노릇을 할 가능성이 있으니,
먼 곳으로 집단 이주시킨다는 것이었어.
조선인들은 하루아침에 불려 나와 기차에 실려 어디론가를 향해 출발했어.
목적지가 어디인지, 얼마나 걸릴지 아무도 알지 못했단다.

1905년
대한제국
을사조약 강제로 맺어짐

1907년
대한제국
국채 보상 운동

1909년
대한제국
안중근, 하얼빈에서
이토 히로부미 저격

1919년
일제 시대
3·1 운동이 일어남

일제 시대에 많은 사람들이 고국을 떠나 다른 나라로 갔어.
중국의 만주, 러시아의 연해주와 시베리아, 일본 등으로 갔단다.
왜 그랬을까? 일자리를 찾아 떠난 거야.
일본의 식민지가 되면서 더욱 살기 어려워진 가난한 사람들이
살 길을 찾아 낯선 다른 나라까지 간 거란다.
낯선 곳에 둥지를 튼 사람들은 황무지를 일궈 논밭으로 만들거나,
공장에 취직하여 노동자로 일하면서 열심히 삶을 개척해 나갔어.
그런데 그런 사람들이 단지 조선인이라는 이유만으로
억울하게 희생된 사건들이 일어났단다.
이들의 억울한 희생은 그때는 물론이고 오늘날까지도 제대로 알려지지 않고 있어.
가슴 아픈 과거를 알아서 뭘 하냐고?
중요한 건 과거가 아니라 미래 아니냐고? 맞아.
그런데 미래에 잘 살려면 과거를 제대로 알아야 한단다.
과거는 현재로 연결되고, 또 미래로 이어지기 때문이야.
오늘 엄마가 얘기하려는 관동 대학살과 연해주 강제 이주는 그늘에 가려져 있는,
그러나 우리가 꼭 알고 넘어가야 할 과거란다.

1920년
일제 시대
김좌진, 청산리 전투에서 승리

1923년
일제 시대
방정환, 어린이날 만듦

1923년
일제 시대
일본에서 관동 대학살 일어남

● 1923년 9월 1일. 이날은 토요일이었어. 일본의 수도 도쿄에는 아침부터 비가 내렸어. 비가 그치고 정오가 다 되었을 무렵, 갑자기 땅이 흔들리며 지진이 시작되었단다. 도쿄를 순식간에 잿더미로 만든 강력한 지진이었어. 도쿄뿐 아니라 요코하마를 비롯하여 도쿄 주변의 도시들도 잿더미로 변했어. 이 지진을 '관동 대지진', 또는 지진으로 인한 재난이란 뜻으로 '관동 대진재'라고 해.

일본은 혼란의 도가니에 빠졌단다. 사람들은 무너진 집 더미 속에서 가족의 시체를 찾으며 통곡했어. 그때 정체 모를 소문이 나돌기 시작했단다.

"조선인들이 폭탄을 갖고 다닌다!"

"조선인들이 우물에 독약을 풀었다!"

"조선인들이 불을 지르고 일본인들을 죽인다!"

지진으로 무너진 건물들
관동 대지진은 도쿄와 그 주변 도시들을 한순간에 잿더미로 만들었어. 도쿄에서 기차로 한 시간쯤 떨어진 곳에 있는 도시 가마쿠라는 완전히 파괴되고 수많은 사람들이 목숨을 잃었단다.

관동 대학살과 연해주 강제 이주

관동 대지진
지진으로 수많은 사람이 죽고 다쳤지. 그런데 일본은 그 책임을 조선인에게 덮어씌워 조선인을 무차별 학살했단다. 얼마나 많은 조선인이 죽었는지 아직도 정확하게 밝혀지지 않고 있어. 조선인들은 지진으로 입은 피해를 복구하는 일에도 동원되었어. 이때 동원된 조선인들은 다행히 학살은 면했지만, 대신 힘든 중노동을 해야 했단다.

뒤이어 일본 군대와 경찰이 조선인 사냥을 시작했어. 조선인을 발견하면 무조건 죽이는 거야. 군대와 경찰뿐 아니라 일본의 민간인들도 '자경단'을 만들어 조선인 사냥에 나섰어. 자경단은 칼, 죽창, 낫 등으로 무장하고서 조선인을 만나는 대로 찔러 죽이고, 시체를 불 속에 던지거나 강물에 던지고, 또 땅에 묻어 버렸단다. 어린이, 임산부도 가리지 않았어. 그렇게 죽은 조선인이 얼마나 많은지 정확한 숫자는 알 수 없지만, 대략 6천6백 명으로 알려져 있어. 그중 대부분은 시체도 못 찾았단다. 관동 대지진은 일본인에게는 지진일 뿐이었지만, 그곳에 살고 있던 조선인들에게는 떼죽음의 지옥이었어. 이 사건을 '관동 대학살'이라고 해.

희생양이 된 조선인들

지진이 일어났을 때, 정말 조선인들이 불을 지르고 우물에 독을 풀었을까? 아니란다. 그럼, 왜 그런 소문이 나돌았을까? 도대체 누가 그런 얘기를 퍼뜨렸을까? 소문을 퍼뜨린 장본인은 놀랍게도, 일본 정부였어. 지진이 나자 일본의 내무 대신과 경시 총감은 내무성 경보국장의 이름으로 다음과 같은 내용을 전 일본에 선포했단다.

"도쿄 부근의 지진을 이용하여 조선인이 각지에서 불을 지르는 등 불량한 목적을 이루려고 하여, 현재 도쿄 시내에는 폭탄을 갖고 석유를 뿌리는 자가 있다. …… 조선인의 행동에 대하여 엄밀한 단속을 해 주기 바란다."

그런 다음 도쿄 일대에 비상계엄령이 내려졌어. 뿐만 아니라 일

학살당하는 조선인들
일본의 자경단은 조선인인지 아닌지 잘 구별되지 않을 때는 일본 말을 시켜 보고 말이 서투르면 무조건 죽였다고 해. 얼마나 끔찍한 일이니!

지진 지역을 순찰하는 일본 황태자
지진이 난 지 보름 만인 9월 15일, 황태자가 폐허가 된 도쿄 우에노 공원을 둘러보고 있어.

본 정부는 국민들에게 호소했어. 일본인은 자경단을 만들어 스스로를 지키라고 말야.

도대체 일본 정부는 무엇 때문에 이런 거짓말을 만들어 낸 걸까? 당시 정권을 쥐고 있던 일본의 정치가들은 지진으로 인해 극도로 나빠진 민심을 가라앉히고 질서를 회복하기 위해 비상계엄령을 선포할 구실을 찾고 있었어. 그런데 마땅한 구실이 없자, 조선인들이 난동을 부린다는 소문을 퍼뜨려 계엄령을 선포할 구실로 삼았어. 다시 말하면, 지진으로 인한 일본의 사회 불안과 무질서를 바로잡기 위해 조선인들을 희생양으로 삼은 거야.

관동 대학살 때 살해당한 조선인들은 대부분 일자리를 찾아 일본까지 간 가난한 노동자들이었어. 일본어도 서투른 사람들이었지. 조선인뿐 아니라 일본인 가운데서도 정부에 비판적인 사람들이 이때 상당수 죽음을 당했어.

관동 대학살은 지진이라는 천재지변을 이용하여 일본의 정치가들이 정권을 유지하기 위해 조선인들을 희생양으로 삼은 사건이었어. 그러나 일본 정부는 억울하게 죽은 사람들에게 사죄하기는커녕 정확한 사실조차 밝히지 않은 채 오늘에 이르고 있단다. 우리 또한 그렇게 죽어간 조상들에 대해 별 관심을 갖지 않고 있으니 안타깝구나.

중앙아시아로 쫓겨간 18만 명의 조선인

관동 대학살이 일어난 지 14년 뒤인 1937년 9월, 러시아의 연해주에서 있었던 일이야. 당시 러시아는 '소련'이라고 불리고 있었어. 소련은 '소비에트 사회주의 공화국 연방'의 줄임말인데, 세운이에게는 낯선 이름이겠지만 엄마 나이의 사람들에게는 아주 친숙한 이름이란다.

소련은 사회주의 나라였어. 조선인들은 소련이 사회주의 나라가 되기 훨씬 전, 그러니까 조선 시대 말부터 연해주에서 살고 있었단다. 한일 병합 뒤에는 독립 운동을 하기 위해 연해주로 간 사람들도 많았지.

그런데 1937년, 연해주에 살고 있던 조선인들에게 갑자기 다른 곳으로 이주하라는 명령이 떨어졌어. 이유는 조선인들이

소련과 연해주

소련은 아시아의 동쪽 끝인 연해주부터 시베리아와 중앙 아시아, 그리고 유럽에 맞닿는 지역까지 아우르는 거대한 나라였어. 소련의 연해주는 한반도에 잇닿아 있어. 한반도의 가장 북쪽을 흐르는 두만강을 넘으면 바로 연해주란다. 연해주는 조선인들이 많이 모여 살던 곳이야.

일본의 간첩 노릇을 할 가능성이 있으니, 먼 곳으로 집단 이주시킨다는 것이었어.

조선인들은 하루아침에 불려 나와 기차에 실려 어디론가를 향해 출발했어. 목적지가 어디인지, 얼마나 걸릴지 아무도 알지 못했단다. 이렇게 강제로 이주당한 조선인이 무려 18만 명. 지난번 편지에서 엄마가 말한 봉오동 전투의 주인공 홍범도도 그중 한 사람이었어.

기차 한 칸에 보통 네다섯 가족씩 탔어. 창문은 하나뿐, 낮에는 찌는 듯 덥고 밤에는 살을 에는 듯 추웠어. 기차가 멈추면 일제히

기차에 실려 강제 이주당하는 조선인들
연해주에 살고 있던 조선인 약 18만 명은 갑자기 강제 이주당했어.
어디로 가는지도 모른 채 기차에 오른 조선인들은
가도 가도 끝없는 벌판뿐인 시베리아를 한 달 넘게 달렸단다.

조선인 상황 조사 기록
일본의 헌병대 사령부에서 해외에 살고 있는 조선인의 생활 상태와 독립 운동에 가담하고 있는지 등을 조사한 비밀 보고서야.
—독립기념관

뛰어내려 빈터에서 밥을 지어 먹었어. 아이들은 물을 길러 달려가고 남자들은 땔감을 구하러 달렸지. 화장실도 없어 그냥 길에다 용변을 보아야 했단다. 이런 여행이 한 달 넘게 계속되었어. 목욕을 할 수 없었기 때문에 옷이고 머리고 할 것 없이 이가 들끓었어. 기차가 잠시 멈추면 여자들은 차창을 열고 머리칼을 털었지. 그러면 이가 우수수 떨어지곤 했단다.

환자가 생기면 들것에 실어 내갔는데 한 번 실려 나가면 돌아오지 않았어. 그래서 사람들은 환자가 생겨도 알리지 않고 숨겼단다. 환자들 중에서 아이들과 노인들부터 죽어 나갔어. 죽은 시체는 기차가 멈추었을 때, 철로 근처에다 묻었단다. 참으로 고통스러운 여행이었어.

마침내 기나긴 여행이 끝나고 도착한 곳은 중앙아시아의 카자흐스탄과 우즈베키스탄. 생전 처음 보는 낯선 곳에서 조선인들이 만난 것은 삭막하기 짝이 없는 허허벌판이었어. 당장

마학봉의 탄원

열여섯 살의 나이로 강제 이주당한 마학봉은 견디다 못해 탄원서를 냈어. "소련에서 카프카스 인(소련의 원주민)만 잘 살아야 하고, 다른 사람들은 잘 살면 안 되는 겁니까? …… 우리가 여기서 이렇게 힘들게 살 거라는 것을 알았더라면, 우리는 연해주에서 죽었어야 했습니다……."

잠잘 곳도, 짐을 풀 곳도 없었지. 게다가 그곳 사람들은 조선인들이 뭔가 커다란 잘못을 해서 쫓겨왔나 보다고 지레짐작하고서 의심에 찬 눈초리로 바라보며 조선인들을 멀리했어. 심지어는 조선인이 아이들을 잡아먹는 식인종이라는 소문도 돌았단다.

강제 이주당한 조선인들은 집단 농장에 배치되었어. 그리고 괭이와 삽으로 황무지를 일구었어. 밭을 갈 소도, 변변한 농기구도 없었지만 맨손으로 억척스럽게 일했지. 차츰 황무지가 기름진 농토로 변하고, 황금빛 벼가 고개를 숙이게 되었단다. 조선인들은 부지런함과 뛰어난 벼농사 기술로 벼 생산을 두 배 넘게 높였어.

강제 이주 기념비
강제 이주당한 조선인들이 첫 겨울을 지낸 곳이야. 1937년 10월 9일부터 1938년 4월 10일까지 이곳에 토굴을 짓고 살았다고 쓰여 있구나.

연해주의 조선인들이 도착한 곳은 무려 8천 킬로미터나 떨어진 중앙아시아의 카자흐스탄과 우즈베키스탄이었어. 이곳에는 지금도 한인들이 많은데, 그때 강제 이주당한 조선인들의 후손이란다.

억울하게 처형당한 조선인들

강제 이주와 거의 동시에, 약 2천5백 명의 조선인들이 일본의 간첩, 또는 소련에 반대하는 불순분자라는 누명을 쓰고 처형당하거나 행방불명되었어. 한일 병합 후 연해주로 갔던 조선인들 중에는 독립 운동의 한 방법으로 사회주의자가 되고, 또 소련 군대에 들어가 활동한 사람들이 많았어. 그랬던 사람들이 하루아침에 간첩 혹은 불순분자로 낙인찍혀 억울하게 희생된 거란다. 이들은 나중에 무죄였음이 밝혀졌어. 그러나 당사자는 물론이고 그 가족이 겪어야 했던 고통과 아픔은 영영 치유될 수 없었지.

1937년의 강제 이주는 조선인만 당한 건 아니었어. 소련의 서쪽 국경 지방에 살고 있던 이란 인, 터키 인, 쿠르드 인, 아르메니아 인도 중앙아시아에 실려 와 집단 농장에 배치되었어. 그러나 강제

❗ 돌아오지 못한 사할린 교포들

일본의 바로 위에 사할린이라는 섬이 있단다. 지금은 러시아 영토지만 일제 시대에는 일본 영토였어. 지금 그곳에는 몇 만 명의 한인들이 살고 있어. 이들은 어떻게 해서 머나먼 사할린까지 가서 살게 되었을까?

일제 시대에 일본은 사할린에 광

사할린에 살고 있는 한인들

산을 만들고 조선인들을 데려다 일을 시켰어. 사할린에 끌려간 조선인 노동자들은 4만 명이 넘었단다. 그런데 문제는 해방 후였어. 사할린이 일본 영토에서 러시아 영토로 바뀌자 조선인들은 오도가도 못하는 처지가 되었단다. 일본은 일본 사람들은 데려오면서 조선인들은 내버려 두었어. 조선인들은 배를 타고 떠나는 일본인들을 바라보며 발만 동동 굴렀단다. 사할린의 조선인들이 고국으로 돌아오기 위해서는 일본, 러시아, 한국 세 나라가 협력해야만 했어. 그러나 제대로 이루어지지 않았지. 지금 사할린에는 일제 시대에 끌려갔던 조선인들이 거의 다 죽고 얼마 남아 있지 않아. 그러고 그 후손들은 고국과 멀어진 채로 살아가고 있지. 우리도 그들을 잘 모르고 말야.

이주는 너무 급히 시행된 데다가 이주민에 대한 준비나 대책이 전혀 마련되지 않았어. 더구나 조선인들은 급히 오느라고 연해주에 집, 가축, 논밭에서 자라고 있는 곡식과 채소들, 그 밖의 재산들을 그대로 두고 왔단다. 그건 손에 못이 박히고 허리가 휘도록 일해서 가까스로 모은 재산이었어.

소련이 조선인들을 강제 이주시킨 것은 소련이 일본이나 중국과 전쟁을 하게 될 때 연해주에 살고 있는 조선인들이 간첩 노릇을 할지 모른다는 이유 때문이었단다. 비록 이유는 그러했지만 그건 나라 잃은 백성들의 서러움이기도 했어. 만약 조선이 일본의 식민지가 되지 않고 당당한 독립 국가였다면 그렇게 힘없이 강제 이주당하지는 않았을 테니까.

돌아온 사람들
사할린 교포들을 위한 귀국 사업이 1997년부터 시작되어 일부 교포들이 돌아왔지만, 순서를 기다리고 있는 사람들이 3천 명 넘게 남아 있어. 이들은 모두 나이 많은 노인이란다.

까레이스끼

낯선 황무지에서 처음부터 다시 삶을 시작해야 했던 18만 명의 조선인들. 그들의 아픔과 눈물은 제대로 알려지지 않은 채 역사의 뒷장에 묻혀 있어. 그때 이주당한 사람들은 이제 나이를 먹어 세상을 떠났고, 그 후손들은 모국어를 잃어버린 채 지금도 그곳에서 살고 있단다. 러시아 인들이 '까레이스끼(고려인)'라고 부르는 사람들이 바로 그들이야.

하와이로 간 사진 신부들

사탕수수 농장의 노동자들
하와이로 간 노동자들은 새벽 4시에 일어나 하루 열 시간씩 일했어. 조금만 거슬리면 노예처럼 채찍질을 당했단다.

열다섯 살 난 최안나(가명)는 멀어지는 부산항을 바라보며 가슴속에 넣어두었던 사진을 꺼냈어. 최안나는 사진 속 남자와 결혼하러 배를 타고 하와이로 가는 길이었어. 배에는 최안나 같은 소녀들이 다섯 명 타고 있었어. 1915년, 조선이 일본의 식민지가 된 지 5년 뒤의 일이었단다.

배를 타고 태평양을 건너는 데는 석 달이 걸렸어. 신부들이 뱃멀미에 시달릴 때마다 인솔자는 하와이에 대해 이야기해 주었어. 거기선 옷이 나무에 열리고, 주렁주렁 열린 과일들이 땅에 떨어져 썩는다고. 돈은 쓸 데가 없어 고스란히 저축할 수 있다고.

이윽고 하와이에 도착한 신부들은 신랑감을 기다렸어. 닷새째 되는 날, 드디어 최안나의 신랑감이 나타났어. 사진과는 달리, 얼굴에 밭고랑 같은 주름이 패고 손마디가 굵은 마흔여섯 살의 사탕수수 농장 노동자였어. 하와이 하면 설탕이라고 할 만큼 하와이는 설탕의 원료인 사탕수수 재배가 발달한 곳이었어. 그 무렵 하와이 사탕수수 농장에는 7천 명이 넘는 조선인 노동자들이 일하고 있었단다. 대부분 미혼의 남성들이었어. 이들의 가장 심각한 고민은 결혼. 이들은 고향에 사진을 보내 신붓감을 찾았어. 이것을 '사진 결혼'이라고 해. 그런데 남자들

사진 신부들
하와이 호놀룰루에 도착한 사진 신부들이 각자 신랑감을 만나 헤어지기 전에 기념사진을 찍었어. 모두들 희망차고 의젓한 얼굴이로구나.

이 보낸 사진은 실제보다 10년은 젊은 시절의 것이었어. 자기보다 잘생긴 친구의 사진을 빌려 보낸 사람도 있었지. 사진 한 장만을 믿고 태평양을 건너온 신부들은 신랑감의 모습에 실망했지만 어쩔 도리가 없었어. 이렇게 사진 결혼을 한 사진 신부는 모두 천여 명. 사진 신부들은 무슨 생각으로 바다 건너 하와이까지 갈 결심을 했을까? 가난 때문에, 돈 벌어 딴 세상에서 살고 싶어서, 독립 운동을 하려고……. 이유는 갖가지였지만 공통점이 있었어. 가난과 불안에서 벗어나 새 세상으로 가고 싶다는 마음이었어.

근대 역사학의 아버지 신채호 1931년

신채호는 출세보다도 기울어 가는 나라를 걱정했어.
나라가 없으면 출세가 다 무슨 소용이냐고 생각한 신채호는
성균관을 그만두고 독립 운동에 뛰어들었단다.
그러면서 우리 나라 역사를 연구하는 데 심혈을 기울였어.
그는 이렇게 말하곤 했어.
"나의 독립 운동은 우리나라 역사를 연구하는 것입니다.
고구려의 위대한 역사를 올바로 쓰는 일이
바로 나의 독립 운동이지요."

1932년
일제 시대
이봉창, 윤봉길 의거

1936년
일제 시대
손기정, 베를린 올림픽 마라톤 우승

1931년
일제 시대
신채호의 《조선상고사》, 조선일보에 연재됨

"엄마가 존경하는 사람은 누구야?"

"으응, 신채호라는 역사학자란다."

엄마가 신채호를 존경하는 까닭은 역사학에서 훌륭한 업적을

많이 남겼기 때문만이 아니라, 옳다고 믿는 것을 실천에 옮긴 사람이기 때문이야.

자신의 생각이나 말을 어김없이 실천에 옮기기란 쉬운 일이 아니란다.

용기가 없어서, 또는 편하게 지내고 싶은 마음에 생각 따로,

행동 따로인 경우가 참 많거든. 그런데 신채호는 그렇지 않았어.

학자로서, 독립 운동가로서, 시인과 소설가로서, 그는 처음부터 끝까지 한결같았단다.

신채호의 '세수' 이야기를 알고 있니?

신채호는 세수할 때도 절대로 고개를 숙이지 않았어.

그러니 소매로 물이 흘러들어 가 저고리며 바지를 다 적실 수밖에.

도대체 왜 그랬을까?

그건 '아무것도 두려워하지 않는다.'는 평소의 생각을 실천하기 위해서였어.

신채호의 굽힐 줄 모르는 성격을 잘 말해 주는 유명한 이야기란다.

그럼, 오늘은 신채호의 삶이 어떠했는지 알아보자꾸나.

1943년
일제 시대
조선 총독부, 강제 징용·징병 실시

1945년
미 군정
8·15 해방

1948년
미 군정
김구, 38선을 넘어 북한 방문
(평양에서 성명서 발표)

1950년
대한민국
6·25 전쟁 일어남

오늘날 역사학자들은 신채호를 가리켜 우리나라 근대 역사학의 아버지라고 해. 왜 그렇게 말하는지 알아보자.

신채호는 우리나라 고대사를 주로 연구했어. 고조선, 고구려, 발해에 대해 집중 연구하면서 이전의 역사학자들과는 전혀 다른 주장을 했단다. 그때는 역사학 분야에서도 일본인들이 판을 치고 있던 시절이야.

일본 역사학자들은 우리나라 역사를 꼼꼼하게 연구했어. 그런데 일본 역사학자들이 우리 역사를 꼼꼼히 연구한 까닭은 일본의 식민지

신채호
신채호는 굽힐 줄 모르는 성격 때문에 사람들에게 '고집불통'으로 통했어. 그렇지만 '본받아야 할 고집불통'이라고 사람들은 입을 모았지. 그는 역사학자로, 독립 운동가로 한결같은 마음을 잃지 않았거든.

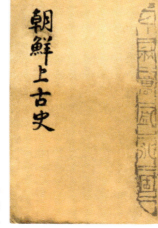
《조선상고사》
우리나라 고대사를 다룬 신채호의 대표작이야.

지배를 돕기 위해서였단다. 조선을 제대로 지배하려면 조선의 역사, 문화, 풍속, 제도 등을 잘 알아야 하지 않겠니? 이렇게 식민지 지배를 돕기 위한 역사학을 '식민 사학'이라 하고, 그러한 역사관을 '식민 사관'이라고 해.

왜 고대사를 연구했나?

식민 사학자들은 조선은 옛날부터 외국의 지배를 받아 왔으며 여러 면에서 일본보다 뒤떨어져 있으므로, 일본의 식민지가 되는 게 당연하다고 했어. 그러나 신채호는 식민 사학에 맞서서 그렇지 않다는 것을 조목조목 반박했단다. 그는 이렇게 말했어. 우리 민족이 스스로의 힘으로 세운 최초의 국가는 단군이 세운 고조선이며, 그 뒤를 고구려가 이었다고. 우리 민족은 한반도 안에서만 살아온 것이 아니라, 드넓은 만주를 무대로 활약했다고. 고구려와 발해가 그 증거라고. 또, 고조선을 무너뜨린 한나라가 세운 한사군은 한반도가 아닌 만주에 있었으며, 백제는 요서 지방과 중국의 산동(산둥) 반도, 일본까지 세력을 뻗쳤다고. 그리고 일본의 고대 문화는 고구려, 백제, 신라, 삼국의 문화가 흘러들어 가 이루어진 것이라고.

그뿐 아니라 신채호는 이전의 역사학자들과는 전혀 다른 관점과 내용으로 우리 역사를 설명했어. 삼국 통일의 영웅으로

식민 사학

일본의 식민 사학자들은 우리나라가 삼국 시대에도 일본의 지배를 받았으며, 우리 민족의 역사는 한 번도 스스로의 힘으로 발전한 적이 없다고 했어. 한마디로 조선의 역사는 머물러 있는 역사라고 했단다. 이걸 어려운 말로 '정체성론'이라고 해. 또, 조선 민족은 게으르고 단결할 줄 모르며 남에게 의존만 한다고 했어. 이걸 '타율성론'이라고 해. 식민 사학자들의 꼼꼼한 연구 자세는 본받을 만한 것일지 모르지만, 그들의 연구 태도와 목적은 본받아선 안 되는 것이었어.

떠받들던 김춘추를 외세를 끌어들인 장본인이라고 비판했고, 통일 신라 시대는 '발해·신라 양국 시대'라 불러야 한다고 주장했어. 특히 유교의 사대주의를 매섭게 비판했단다. 그러면서 우리의 고유 사상은 유교가 아니라 '낭가 사상'이라고 했어. 낭가 사상은 단군 때부터 시작되어 신라의 화랑 제도로 이어져 내려온 전통 사상을 말해.

신채호의 고대사 연구는 일본의 식민 사학자들에 맞서기 위한 것이었어. 그가 쓴 역사책에는 우리 민족에 대한 강렬한 사랑과 자부심이 철철 넘친단다. 그런 그의 역사를 '민족주의 역사학'이라고 불러.

또, 신채호는 서양의 새로운 이론을 받아들여, 인류의 역사는 일정한 단계를 거쳐 진화하면서 발전한다고 주장했지. 그러면서 역사란 '아와 비아의 투쟁 기록'이라고 말했어. 역사는 '나'와 '나 아닌 것'의 투쟁이란 뜻이야. 이것을 우리 역사에 적용하면, '아'는 조선 민족이고, '비아'는 다른 민족이 되어, 우리 민족과 다른 민족 간의 투쟁의 역사가 돼.

이전에는 아무도 신채호처럼 우리 역사를 설명하지 않았어. 신채호는 우리 역사의 새로운 장을 열었단다. 그래서 신채호를 가리켜 우리나라 근대 역사학의 아버지라고 부르는 거야.

*我 나 아

*非我 아닐 비 나 아

신채호가 태어난 집
신채호는 이곳에서 태어나 살다가 아버지가 세상을 떠나자 충청북도 청원으로 이사하여 할아버지와 살았어. 원래의 집은 없어지고 최근에 새로 복원한 것이란다. 대전광역시 중구 어남동에 있어.

위대한 고구려의 역사를 쓰는 것이 독립 운동!

　　신채호는 1880년 충남 대덕군 산내면 어남리에서 태어났어. 조선 세종 때의 이름난 학자 신숙주의 후손이란다. 그의 집은 몹시 가난해서 죽으로 끼니를 이어야 했어. 집안 형편은 어려웠지만 공부를 잘했던 신채호는 할아버지가 훈장으로 있는 서당에 다니면서 한문과 유학을 공부했어. 그는 《논어》, 《맹자》 같은 유교 경전을 줄줄 외우는 것은 물론이요, 한문으로 쓰인 《삼국지》, 《수호지》 같은 소설도 즐겨 읽었단다.

　　그런데 신채호는 자기가 관심 있는 공부 외에는 아무것도 신경 쓰지 않는 아이였어. 가난한 살림에 잘 먹지 못하여 허약해 보이는 데다가 옷차림도 아무렇게나 하고 다니고 감정 표현도 잘 하지 않아서 친구들이나 동네 사람들은 그를 흐리멍덩하고 이상한 아이라고 여겼단다. 그런 소문이 할아버지 귀에까지 들어갔어. 하루는 할아버지가 신채호를 불러 앉혀 놓고 걱정스레 물었어.

"사람들이 모두 너를 보고 흐리고 못났다고 하는데 무슨 까닭이냐?"

신채호는 아무렇지 않다는 듯이 대답했어.

"그렇게 말한 사람들도 알고 보니 별수 없던데요."

관심 있는 것에만 몰두하는 버릇은 신채호의 특징이었어. 그 버릇은 어른이 되어서도 변함이 없었단다.

신채호는 1898년 열아홉 살에 성균관에 입학했어. 성균관은 나라에서 운영하는 학교인데, 거기서 공부한 사람은 출세가 보장되어 있었어. 아무 걱정 없이 공부만 하면 신채호의 앞날은 돈과 명예가 따라오게 되어 있었지.

그러나 신채호는 출세보다도 기울어 가는 나라를 걱정했어. 나라가 없으면 출세가 다 무슨 소용이냐고 생각한 신채호는 성균관을 그만두고 독립 운동에 뛰어들었단다. 그러면서 우리나라 역사를 연구하는 데 심혈을 기울였어. 그는 이렇게 말하곤 했어.

"나의 독립 운동은 우리나라 역사를 연구하는 것입니다. 고구려의 위대한 역사를 올바로 쓰는 일이 바로 나의 독립 운동이지요."

만주의 고구려 유적을 답사하는 신채호
한일 병합이 되기 직전에 중국으로 떠난 신채호는
만주에 있는 고구려 유적들을 둘러보았어.
그는 고구려 역사를 새롭게 쓰는 데 온 힘을 기울였단다.

두드리면 '민족', 찌르면 '애국'

　한일 병합 직전, 신채호는 일본의 탄압을 피해 중국으로 떠났어. 그는 다른 물건은 다 제쳐두면서도 애지중지하는 《동사강목》만큼은 챙겼단다. 《동사강목》은 조선 시대의 역사학자 안정복이 쓴 것인데, 안정복의 후손에게 빌린 매우 귀한 책이었어. 그런데 주인한테 돌려주지 않고 그대로 갖고 떠난 거야. 남의 물건을 욕심내 본 적이 없는 신채호였지만 《동사강목》만큼은 절대로 떼어 놓을 수가 없었나 봐. 아무튼 《동사강목》은 신채호에게 두고 두고 참고가 되었어.

신채호는 만주, 연해주를 돌아다니면서 역사 연구를 했어. 그는 고구려와 발해의 옛 땅인 만주를 답사하고, 백두산에 올랐단다. 광개토 대왕릉비도 직접 가 보았어. 고구려의 유적들을 보고 감탄한 그는 "김부식의 《삼국사기》를 열 번 읽는 것보다 이곳을 한 번 보는 것이 낫다."고 말했단다.

상하이 시절의 신채호
맨 왼쪽이 신채호란다. 조선인이라는 것을 감추기 위해 중국옷을 입고 있어.

신채호의 고집불통 같은 성격은 소문이 자자했어. 당시 그는 중국에서 발행하는 신문 〈북경일보〉와 〈중화보〉에 글을 쓰면서 원고료를 받아 생활했는데, 신문사가 허락 없이 한두 글자를 빠뜨리거나 고치자, 화가 나서 다시는 그 신문사에 원고를 주지 않았단다. 신채호의 굽힐 줄 모르는 성격이 잘 드러나는 얘기야. 당시 소설가로 이름을 날리고 있던 이광수는 자기가 본 신채호를 이렇게 묘사했어.

"그는 꼿꼿하고 똑바른 사람이었다. 그의 몸은 어디를 두드려도 '민족' 소리가 나고, 어디를 찔러도 '애국'의 피가 흐를 것이라고 생각했다."

신채호는 중국 상하이에서 임시 정부를 세우는 일에 참여했어.

그런데 사람들이 이승만을 임시 정부의 국무총리로 삼으려 하자, 신채호는 끝까지 반대했단다. 이승만은 미국에게 위임 통치를 부탁한 사람인데, 그런 사람을 국무총리로 삼다니 말도 안 된다면서 말야. 위임 통치란, 미국에게 우리나라를 맡겨서 다스려 달라고 요청하는 거야. 신채호는 분노하며 소리쳤어.

"이완용은 있는 나라를 팔아먹었지만 이승만은 아직 나라를 찾기도 전에 팔아먹으려고 하질 않소!"

결국 신채호는 임시 정부를 떠나고 말았어.

독립하려면 총을 들라!

임시 정부를 떠난 뒤, 신채호는 나라가 독립하려면 직접 총을 들고 일본과 싸우는 길밖에 없다고 생각했어. 그때 신채호의 생각을 알기 위해서는 그가 쓴 〈조선혁명선언〉을 보아야 해. 〈조선혁명선언〉은 의열단의 선언문인데, 의열단장 김원봉과 친했던 신채호가 김원봉의 부탁을 받고 써 준 글이란다.

"조선 민족의 생존을 유지하자면 강도 일본을 몰아낼지며, 강도 일본을 몰아내자면 오직 혁명으로써 할 뿐이니 혁명이 아니고는 강도 일본을 몰아낼 방법이 없는 바이라……."

신채호는 자기 생각을 실천하기 위해 '무정부주의 동방 연맹 북경 회의'란 단체를 만들었어. 그리고 자금을 마련하기 위해 중국인

의열단 단장 김원봉
의열단은 1919년에 만들어진 항일 단체야. 단장은 김원봉. 의열단은 일본 관리나 장군들을 암살하거나 경찰서 등을 파괴하는 활동을 했어. 나중에는 민족 혁명당으로 변신했지. "내 고장 칠월은 청포도가 익어 가는 계절……."이라는 시 〈청포도〉를 쓴 시인 이육사도 의열단원이었어.

으로 변장하고 대만으로 가다가 그만 일본 경찰에 체포되었단다. 신채호는 10년 징역형을 선고받고 만주의 뤼순 감옥에 갇혔지. 뤼순 감옥은 안중근이 갇혔던 감옥이기도 해.

　1936년 2월, 신채호는 뤼순 감옥에서 뇌일혈로 세상을 떠났어. 나이는 쉰일곱 살. 평소에 그는 말하곤 했어.

　"내가 죽으면 시체가 왜놈의 발끝에 채이지 않도록 화장하여 재를 바다에 뿌려 달라."

　하지만 가족들은 후손들을 위해 무덤을 만들기로 했단다. 화장한 그의 유골은 유언처럼 바다에 뿌려지지 않고, 조국에 돌아와 충청북도 청원군 낭성면 귀래리에 있는 옛집 터에 묻혔어.

　신채호는 역사 연구를 하든 또 독립 운동을 하든, 한결같은 마음으로 평생을 살았단다. 늘 처음처럼 말이야. 엄마가 신채호를 존경

신채호
뤼순 감옥에 갇혀 있던 시절에 찍은 신채호 사진이야.

뤼순 감옥
신채호가 갇혔던 감옥이야. 만주의 뤼순에 있어. 안중근도 이곳에 갇혔다가 사형당했지. 사진은 오늘날의 모습이란다.

신채호 무덤
원래의 무덤이 자꾸 무너지는 바람에 2008년 새로 옮겨 만든 무덤이야. 원래의 무덤에서 얼마 떨어지지 않은 곳에 있단다. 신채호가 살았던 충청북도 청원군 낭성면 귀래리에 있어. 왼쪽의 동상은 청주 예술의 전당에 서 있는 신채호 동상이야.

하는 까닭은 바로 그 때문이야.

신채호가 감옥에 있는 동안, 고국에서는 그가 쓴 역사책들이 꼬리에 꼬리를 물고 출판되었어. 《조선사연구초》, 《조선상고사》, 《조선상고문화사》가 그것이란다. 신채호는 역사책뿐 아니라 소설, 수필, 시도 여러 편 썼어. 신채호의 시 한 편을 감상해 보겠니?

나는 네 사랑 너는 내 사랑
두 사랑 사이 칼로 썩 베면
고우나 고운 핏덩어리가
줄줄줄 흘러나려 오리라
한 주먹 덥석 그 피를 쥐며
한나라 땅에 골고루 뿌려서
떨어지는 곳마다 꽃이 피어서 봄맞이하리

❗ 신채호의 소설 《꿈하늘》

신채호는 소설을 여러 편 썼어. 《꿈하늘》, 《용과 용의 대격전》, 《일목대왕의 철퇴》 등이 있단다.

《꿈하늘》은 주인공 '한놈'이 어느 날 꿈속에서 저세상에 가서 을지문덕을 만나 살수대첩의 현장을 직접 보고, '님나라(조국)'를 지키기 위해 침략자와 처절한 싸움을 하다가, 지옥에 가서는 지옥을 지키는 사자 강감찬을 만나 매국노 지옥에 이완용이 있다는 설명을 듣는단다. 그런 다음 한놈은 하늘에 올라 민족의 역사를 빛낸 역사적 인물들을 만나보고, 비를 들어 하늘의 먼지를 쓸어 없애면서, 맑고 푸른 한민족의 하늘을 쟁취하기 위해 싸울 것을 다짐한다는 줄거리야.

신채호는 이 소설에서 꿈을 빌려 나라와 민족에 대한 사랑, 독립 운동의 나아갈 길 등을 말했단다.

'아픔'과 '피'의 우리 역사

박은식은 신채호와 마찬가지로 역사 연구를 독립 운동으로 삼았던 사람이야. 나이는 신채호보다 스물한 살이나 많단다. 신채호는 고대사에 온 힘을 기울였지만, 박은식은 자기가 직접 보고 들은 현대사에 더 많은 힘을 기울였어.

박은식은 자기가 살아온 1864년부터 1920년까지의 역사를 두 권의 책으로 썼단다. 《한국통사》와 《한국독립운동지혈사》가 그것이야. 자기가 살고 있는 시대의 역사를 쓴다는 건 참으로 어려운 일이란다. 상상해 보렴. 지금 우리 주위에서 일어나고 있는 일들을 역사책으로 쓴다고 말야. 용감하고 확신에 찬 역사가가 아니고서는 하기 힘든 일이야.

박은식이 쓴 《한국통사》는 한민족의 '아픔의 역사'라는 뜻이야. 《한국독립운동지혈사》는 독립 운동에 몸 바친 사람들의 '피의 역사'라는 뜻이고. 박은식은 역사에서 가장 중요한 것은 '혼'이라고 했어. "비록 나라가 망했어도 나라의 혼이 살아 있으면 망한 것이 아니다."라고 했단다. 그리고 "나라의 혼을 보존하려면 나라의 역사를 보존해야 한다."고 했어. 이것은 신채호가 "애국심을 일깨우려면 역사를 읽어야 한다."고 한 것과 비슷한 얘기야.

박은식도 신채호처럼 어려서는 한문과 유학을 공부했어. 그러나 커서는 개혁이 필요하다는 것을 깨닫고 〈황성신문〉을 비롯하여 여러 신문과 잡지에 글을 써서 사람들을 깨우쳤어. 박은식은 상하이 임시 정부에서도 활동했단다. 《한국통사》, 《한국독립운동지혈사》는 원래는 한문으로 쓴 것이지만 한글로 번역되어 있으니 세운이도 읽을 수 있어.

박은식과 신채호는 둘 다 '민족'을 중심에 놓고 역사를 연구했어. 그런 역사를 '민족주의 역사학'이라고 해. 박은식, 신채호 외에도 정인보, 안재홍, 문일평 들을 민족주의 역사학자로 손꼽는단다.

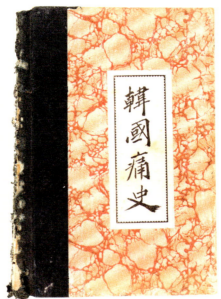

독립기념관

《한국통사》와 박은식 한자로 '韓國痛史'라고 쓰여 있지? 한민족의 '아픔의 역사'라는 뜻이야.

임시 정부의 밑거름이 된 이봉창과 윤봉길 1932년

"일본인은 우리 조선인에 대해
차별 대우를 하며 학대하고 있으므로……
2천만 동포를 위해 나 자신을 희생하여
천황을 죽이고자 결심하기에 이르렀던 것이다.
나는 천황을 죽이는 일을 결코
이봉창 한 사람이 멋대로 벌이는 난동이 아니라
조선 민족이 전반적으로
독립을 희망하고 있기 때문에
그 민족을 대표하여
제일선의 희생자로서
결행한 것이다."

1931년
일제 시대
신채호의 《조선상고사》,
조선일보에 연재됨

1932년
일제 시대
이봉창, 윤봉길 의거

1936년
일제 시대
손기정, 베를린 올림픽 마라톤 우승

"이봉창과 윤봉길을 알고 있니?"

"아, 그 도시락 폭탄!……"

"그래. 도시락 폭탄 사건의 주인공이 윤봉길이지."

"그런데 이봉창은 잘 모르겠는걸."

이봉창은 윤봉길보다 먼저 의거를 일으킨 사람이야.

윤봉길은 중국에서 의거를 일으켰지만,

이봉창은 일본의 수도 도쿄 한복판에서 폭탄을 던졌단다.

그것도 일본 천황에게 말야.

그런데 이봉창은 윤봉길에 비해 훨씬 덜 알려져 있어.

아마도 그 까닭은 윤봉길은 거사에 성공했지만 이봉창은 실패했고,

또 윤봉길은 후손들이 그의 업적을 잘 살린 데 비해서

이봉창은 그렇지 못했기 때문이 아닐까 싶구나.

이봉창의 의거는 비록 실패하긴 했어도 윤봉길로 하여금 그 뒤를 따르게 했고,

또 일본의 수도 한복판에서 천황을 목표로 했다는 점에서 매우 중요해.

그럼, 오늘 얘기는 이봉창의 의거부터 시작하자.

1943년
일제 시대
조선 총독부, 강제 징용·징병 실시

1945년
미 군정
8·15 해방

1948년
미 군정
김구, 38선을 넘어 북한 방문
(평양에서 성명서 발표)

1950년
대한민국
6·25 전쟁 일어남

● 1932년 1월 8일 오전 11시 45분경, 도쿄 경시청(도쿄 경찰 본부) 앞에는 사람들이 빼곡히 모여 있었어. 이곳을 지나가기로 되어 있는 일본 천황을 보려고 기다리는 중이었지. 도쿄 경시청에서 90미터쯤 떨어진 곳에는 천황이 사는 궁궐이 있어. 이봉창은 사람들 사이를 비집고 앞쪽으로 나가 천황이 탄 마차가 오기를 기다렸단다.

이봉창의 의거

이윽고 천황의 행렬이 다가왔어. 이봉창은 가슴이 마구 뛰었어. 첫 번째 마차에 사람이 타고 있었는데, 이

일본 천황이 탄 마차
이봉창이 수류탄을 던지기 직전의 모습이야.

봉창은 천황이 아니라고 생각했어. 그래서 다음 마차를 기다렸지. 두 번째 마차에 탄 사람이야말로 천황이 틀림없다고 생각한 이봉창은 오른쪽 바지 주머니에 넣어 둔 수류탄을 꺼내 힘껏 던졌단다.

요란한 소리가 울려 퍼지고 사람들이 비명을 질렀어. 그런데 이게 웬일일까? 마차는 그대로 달려가고 있었어. 수류탄은 소리만 요란했을 뿐, 마차 바닥과 바퀴가 조금 망가지고 뒤따르던 말들이 파편을 맞은 것 외에는 별다른 피해를 입히지 않았단다. 게다가 천황은 두 번째가 아니라 첫 번째 마차에 타고 있었어. 이봉창이 그냥 보내 버린 첫 번째 마차에 말야.

"실패로구나."

이봉창은 한탄했지만 곧 침착함을 되찾았어. 그는 달려드는 일본 경찰들을 바라보며 여유 있게 말했단다.

일본 천황에게 폭탄을 던지는 이봉창
이봉창 의거를 보통 '사쿠라다몬 의거'라고 해. 사쿠라다몬은 일본 천황이 사는 궁궐의 문 이름이야. 실제로 이봉창의 의거 장소는 사쿠라다몬이 아니라 거기서 90미터쯤 떨어진 도쿄 경시청 앞인데도, 사쿠라다몬 의거라고 불린단다.

"도망가거나 숨지 않을 테니 난폭하게 굴지 마라."

사로잡힌 이봉창은 일본 법정에서 재판을 받게 되었어. 이봉창은 일본 법정에서 자신이 왜 천황을 죽이려 했는지 밝혔단다.

"일본인은 우리 조선인에 대해 차별 대우를 하며 학대하고 있으므로 우리 조선인은 어떻게 해서든 조선을 독립시켜 조선인의 국가를 갖지 않으면 안 된다는 생각을 갖고 있는 터에, 백정선(김구의 다른 이름)으로부터 천황을 죽이는 것이 조선의 독립을 앞당기는 가장 빠른 길이라는 말을 듣고서 2천만 동포를 위해 나 자신을 희생하여 천황을 죽이고자 결심하기에 이르렀던 것이다. 나는 천황을 죽이는 일을 결코 이봉창 한 사람이 멋대로 벌이는 난동이 아니라 조선 민족이 전반적으로 독립을 희망하고 있기 때문에 그 민족을 대표하여 제일선의 희생자로서 결행한 것이다."

이봉창은 사형 선고를 받고 1932년 10월 10일 오전 9시경, 이치가야 형무소에서 교수형을 당했어. 그때 나이 서른두 살이었지. 이봉창의 의거는 세상을 온통 떠들썩하게 했어. 일본은 물론 중국도 조선인들을 새삼스레 놀라운 눈으로 바라보았단다.

도쿄 경시청 앞
의거 현장에서 일본 경찰들이 조사를 하고 있어. 뒤쪽 건물이 도쿄 경시청이야. 이봉창이 던진 수류탄은 김구가 중국인에게 부탁해서 구한 것이었어. 이봉창은 거사가 실패하자, 수류탄의 성능을 미리 시험해 보지 않은 것을 무척 안타까워했단다.

윤봉길이 던진 폭탄
윤봉길이 던진 것은 물통 폭탄이었어. 도시락 폭탄은 자결용이었단다. 오른쪽 사진은 의거 당시 윤봉길이 갖고 있던 도시락 폭탄이야. 이 사진은 일본 국회도서관에 비밀문서로 보관되어 오다가 2004년 공개되었어. 아래쪽은 폭탄 모형이란다.
-매헌윤봉길의사기념관

일본을 타도하자!

이봉창 의거가 안겨 준 충격이 미처 가시기도 전에, 또 한 번의 거사가 일본인들을 깜짝 놀라게 했어. 바로 윤봉길의 상하이 훙커우(홍구) 의거였단다.

이봉창 의거가 있은 지 석 달쯤 뒤인 1932년 4월 29일, 이날은 일본 천황의 생일인 '천장절'이었단다. 중국 상하이의 훙커우 공원에서 천장절 축하 행사가 열렸어. 일본 천황이 직접 참석하는 자리는 아니었지만 일본의 높은 관리, 장군들이 두루 참석하는 중요한 행사였지.

의거 직후
윤봉길이 단상에 폭탄을 던진 직후의 광경이야.

윤봉길은 말쑥한 옷차림을 하고 도시락과 물통, 일장기를 들고서 태연하게 행사장으로 걸어 들어갔어. 도시락과 물통에는 폭탄이 숨겨져 있었단다. 이윽고 행사가 시작되었어. 윤봉길은 단상으로 다가가 일본 국가가 울려 퍼질 때, 갖고 있던 폭탄을 단상으로 힘껏 던졌어. 순간 천지를 진동하는 소리가 울려 퍼지고 행사장은

❗ 내가 먼저 폭탄을 던지려 했는데……

윤봉길이 상하이 훙커우 공원에서 의거를 일으킨 날, 윤봉길보다 먼저 폭탄을 던지려고 준비했던 사람이 있었어. 백정기라는 사람이란다. 그는 '남화 연맹'이라는 독립 운동 단체의 회원이었어. 윤봉길은 11시에 폭탄을 던질 예정이었지만, 백정기는 그보다 한 시간 빠른 10시에 거사를 일으키려 했단다. 그런데 행사장에 들어갈 출입증을 구해 주기로 약속한 중국인이 웬일인지 나타나질 않았어. 결국 예정된 시간은 지나가 버렸고, 윤봉길이 거사를 성공시켰지.

그 후, 백정기는 일본 대사와 군인들이 모인 연회장을 습격하려다가 체포되었어. 그는 감옥에 갇혀 서른아홉 살의 나이로 숨을 거두었단다. 지금 서울의 효창 공원에는 윤봉길, 이봉창의 무덤과 함께 백정기의 무덤이 나란히 있어.

백정기 백정기가 속한 '남화 연맹'은 이회영, 유자명, 정화암 들이 만든 독립 운동 단체로, 아나키즘을 지지하는 단체였어. 아나키즘은 '무정부주의'라고도 해.

아수라장이 되었단다. 일본 경찰이 윤봉길을 덮치자, 윤봉길은 힘차게 외쳤어.

"일본을 타도하자!"

윤봉길의 거사는 대성공이었어. 단상에 있던 일본 육군 사령관은 병원으로 실려가 무려 열두 번이나 수술을 받았지만 끝내 숨졌고, 일본 공사는 한쪽 다리를 잘라야 했지. 그 밖에 제3함대 사령관, 제9사단장, 상하이 일본 총영사 들이 중상을 입었단다. 사로잡힌 윤봉길은 오사카의 가나자와 육군 형무소에 갇혀 있다가 1932년 12월 19일 오전 11시 40분, 스물다섯 살의 나이로 총살당했어. 이봉창이 죽은 지 약 두 달 만이었어.

조선인의 자존심

이봉창과 윤봉길은 둘 다 한인애국단의 단원이었어. 한인애국단이 뭐냐고? 상하이 임시 정부에 속한 단체인데, 그것을 만들고 또 지휘한 사람은 김구였어. 김구가 한인애국단을 만든 데는 중요한 이유가 있었어.

당시 일본은 만주를 손에 넣고 중국을 넘보면서 승승장구하고 있었단다. 그런데 임시 정부는 심한 침체에 빠져 있었어. 김구가 《백범일지》에 "사방을 돌아보아도 임시 정부의 사업 발전은 고사하고 이름이라도 보전할 길이 막연함을 느꼈다."고 솔직하게 썼을 정도로, 당시 임시 정부의 사기는 땅에 떨어져 있었단다. 김구는 임시 정부에 생기를 불어넣고 새로운 불을 지필 수 있는 아주 특별한 활동이 필요하다고 생각했어. 그래서 '한인애국단'을 만든 거란다.

한인애국단의 첫 번째 활동은 이봉창 의거였고, 두 번째 활동은 윤봉길 의거였어. 두 사람의 의거는 국내외에 커다란 충격을 주었어. 중국은 조선인들의 독립 의지에 감탄했다면서 임시 정부를 적극 도와주겠다고 약속했단다. 덕분에 침체되어 있던 임시 정부는 활기를 얻었어. 이봉창과 윤봉길의 의거는 임시 정부에 활기를 불어넣고, 조선인의 자존심을 널리 알렸던 거야.

그런데 여기서 한 가지 생각해 볼 점이 있어. 2001년 9월 11일 미국에서 일어난 세계 무역 센터 테러를 기억하니? 전 세계 사람들에게 충격을 주었던 엄청난 사건이었지. 그 사건은 비록 목적이 정당하다고 해도 테러라는 방법이 과연 옳은가 하는 물음을 던져 주었어. 죄 없는 사람들이 많이 죽고 다쳤기 때문이야. 그럼, 이봉창과 윤봉길의 거사에도 같은 물음을 던질 수 있지 않을까? 세운이 생각은 어떠니?

이봉창과 윤봉길은 죄 없는 사람들을 죽이지는 않았어. 이들의 거사로 죽은 사람들은 일본의 장군이거나 높은 관리로, 식민지 지

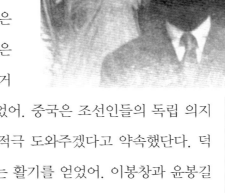

김구와 한인애국단
최흥식, 유상근 등 한인애국단원과 김구가 함께 찍은 사진이야.

배에 책임이 있는 자들이었어. 그렇다고 해도 또 다른 물음이 생길 거야. 일본 천황이나 장군 한두 명을 죽인다 해서 과연 독립을 이룰 수 있는가 하는 물음이지. 실은 이봉창도 그것이 궁금했어. 그래서 일본으로 떠나기 전, 김구에게 물었단다.

"성공한다 해도 조선의 독립이 바로 실현되지는 않을 것이라고 생각되는데, 그 후에는 어떻게 하실 것입니까?"

김구는 단호하게 대답했어.

"한두 번의 행동으로 조선이 바로 독립할 거라고는 생각하지 않지만 그 횟수를 반복하는 가운데 반드시 성공할 거라고 믿소. 이 선생을 제1의 희생자로 삼아 보내는 것이니 애국심을 바탕으로 반드시 목적을 이루시오. 이 선생과 같은 인격자가 나오면 뒤를 이어 계속해서 파견할 생각이오."

이봉창은 김구의 말을 굳게 믿었단다.

김구와 윤봉길
윤봉길은 김구가 만든 한인애국단의 단원이었어.

노동자 출신 이봉창, 양반 출신 윤봉길

나라를 위해 하나뿐인 목숨을 바친다는 건 정말 어려운 일이야. 그런 일을 기쁜 마음으로 한 이봉창과 윤봉길은 어떤 사람일까?

이봉창은 1901년 서울 원효로에서 태어났어. 윤봉길보다 일곱 살 위란다. 이봉창은 어렸을 때 집이 부유했지만, 커서는 학교도 다니지 못할 정도로 가난해

져서 공부를 그만두고 열다섯 살부터 돈벌이에 나섰어. 과자점 점원, 약국 점원, 용산역 인부 등 닥치는 대로 일을 했단다.

3·1 운동이 일어났을 때, 이봉창은 일본인이 경영하는 무라타 약국에서 점원 노릇을 하고 있었어. 그는 만세 운동이 일어났다는 것은 어렴풋이 알았지만 무엇 때문인지는 잘 모른 채 일에만 열중하는 지극히 평범한 청년이었어.

이봉창은 좀 더 나은 일자리를 구하려고 일본으로 건너갔어. 그러나 아무리 열심히 일해도 조선인이라는 이유로 차별과 멸시를 받아야 했지. 차별과 멸시를 피해 볼 생각으로 그는 일본인인 체 속이고 비누 가게에 취직했어. 일본 말을 아주 잘했기 때문에 속이는 데는 문제가 없었지. 그런데 시간이 갈수록 이봉창은 뼈저리게 느꼈단다. '조선인은 조선인으로 살아가지 않으면 거짓 삶이 된다.'는 것을 말야.

이봉창은 일본을 떠나 중국 상하이로 갔어. 그리고 임시 정부를 찾아가 김구를 만나서 독립 운동을 하고 싶다고 말했단다. 김구는 이봉창을 몇 번 만나면서 믿음직하게 여겨 일본 천황 암살이라는 거사를 맡긴 거야.

이봉창은 일본으로 출발하기 전, 한인애국단에 가입하고 선서를 한 다음 양손에 수류탄을 든 채, 태극기를 배경으로 씨익 웃으면서 사진을 찍었단다. 선서문에는 이렇게 쓰여 있어.

"나는 적성(붉은 정성, 지극한 정성)으로써 조국의 독립과

《도쿄작안의 진상》

김구가 이봉창의 도쿄 의거에 대해 쓴 글이야. 이봉창의 출생, 자라난 이야기, 한 일 등을 자세히 쓰고, 이봉창의 사형이 집행되는 날에 그를 애도하는 뜻에서 조선인 모두 한 끼를 굶자고 제안했단다.

* 赤 붉을 적
　 誠 정성 성

이봉창
거사를 떠나기 전에 손에 수류탄을 들고 태극기 앞에서 사진을 찍었어. 유쾌한 웃음이 인상적이야.

윤봉길 유해의 귀국
해방 직후인 1946년 5월, 윤봉길의 유해가 돌아오는 장면이야. 장례식을 치른 뒤 효창 공원에 묻혔지.

자유를 회복하기 위하야 한인애국단의 일원이 되야 적국의 수괴를 도륙하기로 맹세하나이다."

이봉창이 가게 점원이나 일본인 회사에서 노동자로 일하면서 독립이 필요하다는 것을 깨우친 데 비해, 윤봉길은 파평 윤씨라는 이름난 양반 집안에서 태어나 독립 운동에 나서게 되었어.

윤봉길은 1908년 충남 예산에서 태어났단다. 큰아버지가 하는 서당에 다니며 한문을 공부한 그는 고향에서 글을 모르는 농민들에게 글을 가르쳐 주는 계몽 운동을 했어. 이봉창은 결혼하지 않았지만, 윤봉길은 열다섯 살에 배용순과 결혼하여 두 아들을 두었단다. 윤봉길은 좀 더 큰 세상에 나가 할 일을 찾아보자고 결심하고

삼의사 묘
이봉창, 윤봉길, 백정기, 세 사람이 묻혀 있는 '삼의사 묘'란다. 서울 용산구 효창 공원에 있어. 효창 공원은 원래 조선 정조의 아들 문효 세자의 묘가 있던 '효창원'이었어. 그런데 문효 세자의 묘는 다른 곳으로 옮겨 가고, 지금은 삼의사 묘와 김구의 묘, 임시 정부 요인들의 묘, 안중근의 빈 무덤이 자리 잡고 있지. 근처에 백범 기념관도 있단다.

가족을 고향에 둔 채 홀로 중국으로 갔어. 그것이 스물세 살 때의 일이야.

상하이에 도착한 윤봉길은 안공근을 알게 되었어. 안공근은 안중근의 동생인데, 임시 정부에서 일하고 있었지. 안공근의 소개로 김구를 만난 윤봉길은 이봉창이 했던 것처럼 한인애국단에 가입하고 훙커우 공원에서 의거를 일으켰던 거야.

| 임시 정부의 수립과 이동 |

이봉창과 윤봉길의 의거 후, 임시 정부는 상하이에서 충칭(중경)으로 옮겨갔어. 지도에 표시된 길은 상하이에서 충칭까지 거쳐 간 길이야.

이봉창과 윤봉길의 의거는 침체되어 있던 임시 정부를 되살리는 밑거름이 되었어. 아마 김구는 이봉창, 윤봉길 두 젊은이가 무척 고마웠을 거야. 김구는 두 젊은이를 잊지 않고 가슴에 담아 두었다가 해방이 되자마자 그 유해를 찾아 나섰어. 김구의 노력으로 이봉창과 윤봉길의 유해는 1946년 고국의 품에 돌아와 지금의 서울 효창 공원에 묻혔단다.

*遺 남길 유
骸 뼈 해

광복군 OSS

광복군은 상하이 임시 정부의 군대야. 그런데 정부의 주석 김구는 광복군 안에 특수 부대를 만들었어. 이 부대를 '광복군 OSS'라고 했단다. OSS 대장은 청산리 전투에서 김좌진과 함께 이름을 날린 이범석이었어.

김구의 목표는 이 특수 부대를 보내 국내 진공 작전을 펴는 것이었어. 그때는 2차 세계 대전이 막바지로 치닫고 있을 때였단다. 일본은 미국을 상대로 싸우고 있었어. 김구는 임시 정부의 군대가 미군과 어깨를 나란히 하고 싸운 공적이 있어야만 당당한 독립국으로 인정받을 수 있을 거라고 생각했어. 그래서 미국의 전략 정보기관(OSS)의 협조를 받아 특수 부대를 만든 거란다.

생명을 바쳐야 하는 특수 임무에 용감한 청년들 50명이 자원을 했어. 훈련 장소는 중국의 시안(서안). 특수 부대원들은 3개월에 걸친 강훈련 끝에 준비를 마쳤어. 요즘으로 치면 특전단 훈련이야. 비행기나 잠수함을 타고 몰래 국내에 들어가 어떠어떠한 활동을 펴라는 것까지 세밀한 계획을 세웠단다. 남은 것은 출발 명령뿐이었어. 그때가 1945

광복군 성립 전례식
한국광복군의 창립식이야. 1940년 중국 충칭에서 열렸어. 중국의 정치가들, 각국 대사, 외교관들이 참석한 가운데 열렸단다.

년 8월 초.

이제나저제나 출발 명령만을 기다리던 대원들에게 뜻밖에도 '일본이 항복했다!'는 소식이 날아들었어. 뛸 듯이 기뻐해야 할 김구였건만 사실 그렇질 못했단다. OSS 대원들의 국내 진공 작전이 실행에 옮겨지지 못한 것이 못내 안타까웠기 때문이야. 그건 대원들도 마찬가지였어. OSS 대원으로 나중에 고려대학교 총장이 된 김준엽은 그때의 심정을 이렇게 말했단다.

"'와아!' 하고 기쁨의 환성을 올리며 의자를 박차고 일어나 춤이라도 추어야 할 터였지만 이 장군(이범석)이나 나는 그럴 심정이 아니었다. 왜놈들을 우리 힘으로 몰아내지 못하는 데서 일어나는 아쉬움과 모든 계획이 좌절되는 데서부터 생기는 허탈감 때문이었다."

만약 일본이 며칠만 더 늦게 항복했더라면, 그래서 김구의 계획대로 국내 진공 작전이 실시되었다면 어찌 되었을까? 한번 생각해 보렴.

OSS 대원들과 미국인 훈련 교관들

회의를 마치고 나오는 김구(왼쪽)와
미국 OSS 책임자 도노번(오른쪽)

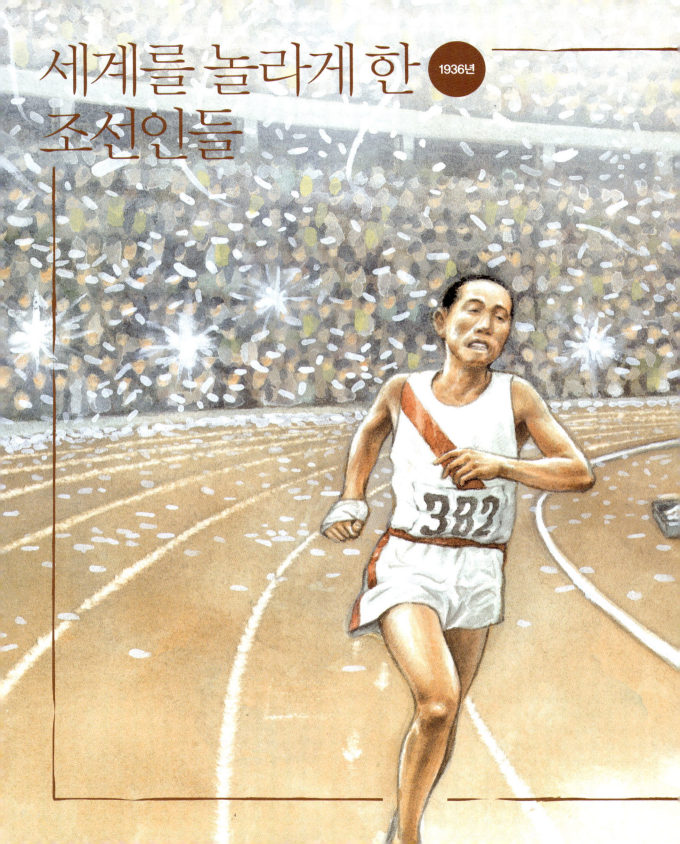

세계를 놀라게 한 조선인들

1936년

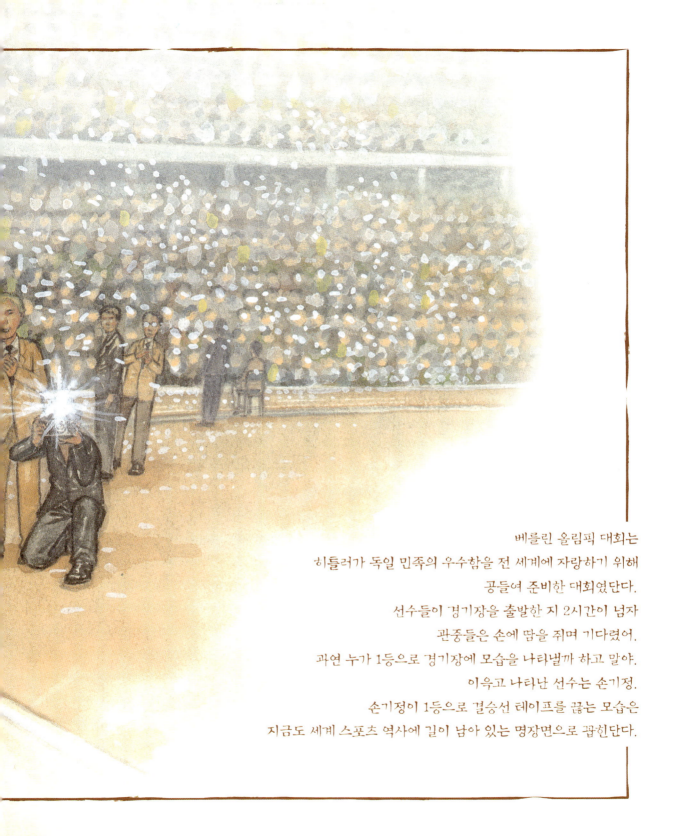

베를린 올림픽 대회는
히틀러가 독일 민족의 우수함을 전 세계에 자랑하기 위해
공들여 준비한 대회였단다.
선수들이 경기장을 출발한 지 2시간이 넘자
관중들은 손에 땀을 쥐며 기다렸어.
과연 누가 1등으로 경기장에 모습을 나타낼까 하고 말야.
이윽고 나타난 선수는 손기정.
손기정이 1등으로 결승선 테이프를 끊는 모습은
지금도 세계 스포츠 역사에 길이 남아 있는 명장면으로 꼽힌단다.

1931년
일제 시대
신채호의 《조선상고사》,
조선일보에 연재됨

1932년
일제 시대
이봉창, 윤봉길 의거

1936년
일제 시대 손기정, 베를린 올림픽 마라톤 우승

"무용 선생님이 그러시는데, 최승희라는 사람이 우리나라 무용의 기초를 세웠대. 엄마, 최승희가 누구야?"

학교에서 돌아온 세운이는 눈을 반짝이며 물었어.

무용 시간에 재미있는 얘기를 들은 모양이야.

최승희는 일제 시대에 활약한 무용가였어.

'최승희' 하면 누구나 알 정도로 이름난 스타였단다. 세계 순회 공연까지 했으니까.

그러나 요즘 어린이들은 최승희를 잘 모를 거야.

왜냐하면 최승희는 해방 후에 북한으로 갔기 때문이지.

하지만 선생님 말씀처럼 최승희는 한국 무용에 커다란 영향을 미쳤단다.

일제 시대에 최승희 못지않게 이름 있는 스타가 또 있었어.

베를린 올림픽 마라톤 대회에서 우승한 손기정과 3등을 한 남승룡이란다.

최승희, 손기정, 남승룡은 세계를 깜짝 놀라게 했고,

일본의 지배 아래서 숨죽여 지내고 있던 조선인들에게 커다란 기쁨을 안겨 주었어.

이들은 그때 조선의 희망이었단다.

자, 오늘은 일제 시대 조선인들에게 희망을 안겨 준 스타들을 만나 보자.

1943년
일제 시대
조선 총독부, 강제 징용·징병 실시

1945년
미 군정
8·15 해방

1948년
미 군정
김구, 38선을 넘어 북한 방문
(평양에서 성명서 발표)

1950년
대한민국
6·25 전쟁 일어남

● 1936년 8월 9일 오후 2시 59분(현지 시각), 독일의 수도 베를린에서 11회 올림픽 마라톤 대회가 막 시작되었어. 손기정과 남승룡은 가슴에 일장기를 달고 일본 선수단의 한 사람으로 참가했어. 당시 독일의 통치자는 히틀러였지. 베를린 올림픽 대회는 히틀러가 독일 민족의 우수함을 전 세계에 자랑하기 위해 공들여 준비한 대회였단다.

선수들이 경기장을 출발한 지 2시간이 넘자 관중들은 손에 땀을 쥐며 기다렸어. 과연 누가 1등으로 경기장에 모습을 나타낼까 하고 말야. 이윽고 나타난 선수는 손기정.

손기정이 1등으로 결승선 테이프를 끊는 모습은 지금도 세계 스포츠 역사에 길이 남아 있는 명장면으로 꼽힌단다. 42.195킬로미터를 쉬지 않고 달려온 손기정은 마지막 100미터를 전력 질주했어. 승리의 환호성을 지르지도 않고, 멋진 세레머니를 취하지도 않고서 오로지 앞을 향해 무표정한 얼굴로 내달렸단다. 손기정은 마

달리는 손기정
당당히 1등으로 주경기장을 들어와 트랙을 돌고 있어. 베를린 올림픽 마라톤 대회에 출전한 손기정은 1등으로 테이프를 끊는 순간까지 최선을 다해 달렸어. 이때 손기정은 무슨 생각을 했을까?

손기정과 레니 리펜슈탈
독일의 사진 작가 레니 리펜슈탈은 베를린 올림픽 기록 영화인 〈민족의 제전〉을 만들면서 손기정의 모습을 여러 장면 찍었어. 아래 사진은 손기정이 1956년 독일을 방문했을 때 레니 리펜슈탈을 만나서 찍은 거란다. 레니 리펜슈탈은 2003년 102세로 세상을 떠났어.

침내 '2시간 29분 19초 2'라는 세계 신기록을 세우며 우승을 차지했어.

손기정의 우승 장면은 베를린 올림픽 공식 기록 영화인 〈민족의 제전〉에 실렸어. 이 영화를 찍은 독일의 사진 작가 리펜슈탈은 손기정에게 특별한 관심을 갖고 자기 집에 초대하기도 했단다.

세상에서 가장 슬픈 승리자, 손기정과 남승룡

시상대에 올라선 손기정과 남승룡
승리의 월계관을 쓰고도 침울한 표정으로 고개를 숙인 두 사람을 보니 참 마음이 아프구나.

남승룡
올림픽이 끝나고 돌아오는 모습이야. 앞에서 두 번째가 남승룡이란다. 손기정은 베를린 올림픽 후 더 이상 선수로 뛰지 않았지만, 남승룡은 1947년 미국 보스턴에서 열린 국제 마라톤 대회에 서윤복과 함께 출전하여 10위를 했어.

손기정의 기록은 2시간 30분의 장벽을 깨뜨린 세계 신기록이었어. 손기정의 뒤를 이어 영국의 하퍼가 2등을, 남승룡이 3등을 차지했단다. 독일과 미국 두 나라가 메달을 휩쓸었던 베를린 올림픽에서 머나먼 동양에서 온 두 사람이 마라톤 우승과 3위를 차지하자 세계 각국의 신문은 벌집 쑤신 듯 떠들썩해졌어.

손기정과 남승룡은 시상대에 올라섰어. 독일 수상 히틀러를 비롯하여 경기장을 꽉 메운 사람들이 우레와 같은 박수를 보냈단다. 올림픽 메달리스트가 되어 시상대에 올라서는 건 체육인이라면 누구나 가장 원하는 꿈일 거야. 승리의 월계관을 쓰고 기쁨의 웃음을 한껏 터뜨려야 할 두 사람. 그런데 두 사람은 고개를 푹 숙인 채 세상에서 가장 슬픈 표정을 짓고 있었어. 왜 그랬을까?

두 사람의 가슴에는 태극기가 아닌 일본 국기인 '일장기'가 달려 있고, 경기장에 울려 퍼진 국가는 우리의 국가가 아닌 일본의 국가였기 때문이야. 시상식을 지켜 보던 외국인들은 두 사람이 당연히 일본인인 줄 알았겠지. 하지만 두 사람은 마음속으로 소리치고 있었어. '우리는 일본인이 아니야. 우리 가슴엔 태극기가 달려 있어야 해.' 하고 말야. 손기정은 나중에 이때의 심정이 어땠는지 털어놓았단다.

"지금 젊은 사람들은 나라 없는 설움에 대해서 모른다. 내가 우승한 뒤 일본 국가가 연주될 때, 나는 고개를 떨구었다. 통상 올림픽에서 메달을 땄을 때, 그 선수는 시상대에서 고개를 들고 국기가 올라가는 것을 자랑스럽게 지켜 보기 마련인데 말이다. 나와

'일장기 말소 사건'

손기정과 남승룡의 마라톤 세계 제패는 '일장기 말소 사건'으로 더욱 유명해. '일장기 말소 사건'이란 마라톤 대회의 기록 영화를 입수한 〈조선중앙일보〉와 〈동아일보〉가 기사를 실으면서 월계관을 쓴 손기정의 사진에서 가슴에 달린 일장기를 지워 버린 사건이야. 또, 동아일보사에서 발행하는 월간지 〈신가정〉은 일장기가 보이는 상반신은 아예 젖혀 두고 손기정의 다리 부분만 싣고 "이것이 베를린 마라톤의 우승자, 위대한 우리의 아들 손기정의 다리"라고 사진 설명을 붙였단다.

일본은 〈동아일보〉와 〈조선중앙일보〉, 〈신가정〉을 더 찍지 못하도록 발행 정지시켰어. 뿐만 아니라 기사와 관련 있는 사람들은 경찰서에 갇히는 신세가 되었단다.

지워진 일장기
일장기 말소 사건으로 〈동아일보〉 체육부 기자 이길용은 활동 금지, 사회부장 현진건과 사진부장 신낙균, 사진에서 일장기를 지운 화가 이상범은 경찰서에 갇히는 신세가 되었어.

남승룡은 올림픽에서 메달을 따고도 일장기가 올라가는 것을 바라보아야만 했고, 일본 국가 '기미가요'가 울려 퍼지는 것을 듣고 있어야만 했다. 우승의 기쁨도 속 시원히 나눌 수 없었던 나라 잃은 서러움은 무어라 표현할 수가 없다."

비록 그렇지만 손기정과 남승룡은 일본의 지배 아래 숨죽여 살던 조선인들에게 커다란 선물을 안겨 주었어. 기쁨과 자존심이라는 선물을 말야.

오늘날 대부분의 사람들은 1등을 한 손기정만 기억하고 3등을 한 남승룡은 별로 기억하지 않아. 그렇지만 남승룡도 손기정 못지않게 훌륭한 선수였어. 손기정과 남승룡은 1912년에 태어난 동갑내기였어. 손기정은 평안북도 신의주, 남승룡은 전라남도 순천이 고향이란다. 둘 다 스물다섯 살의 나이에 마라톤으로 세계를 제패했고, 사망한 때도 비슷해. 남승룡은 2001년 2월에, 손기정은 2002년 11월에 사망했어.

우리 선수가 올림픽 마라톤 대회에 참가한 것은 베를린 올림픽이 처음은 아니란다. 최초로 참가한 것은 1932년 미국 로스앤젤레스에서 열린 10회 올림픽이었어. 이때 김은배, 권태하 두 사람이 참가하여 김은배는 6위, 권태하는 9위라는 좋은 성적을 거두었지. 그

발행 정지당한 〈동아일보〉
사회의 안녕과 질서를 방해했으므로 발행 정지한다는 조선 총독의 명령서야.
—독립기념관

손기정 투구
베를린 올림픽 마라톤 우승자에게 주는 상품인 고대 그리스의 청동 투구란다. 이 투구는 50년 만인 1986년에 손기정에게 돌아왔어. 이 투구는 외국의 유물로서는 최초로 보물로 지정되었지. 현재 국립 중앙 박물관에 기증되어 있어.

서윤복
1947년 4월 10일, 서윤복 선수가 51회 보스턴 마라톤 대회에서 세계 마라톤을 제패하는 순간이야.

러나 이때도 식민지 시절이라 두 사람 역시 일본 선수단의 한 사람으로 참가한 것이었어.

우리나라 이름으로 마라톤을 제패한 건 해방 후인 1947년 보스턴 마라톤 대회에 나간 서윤복이었어. 그는 2시간 25분 39초로 우승했단다. 1950년 보스턴 마라톤 대회에서는 함기용, 송길윤, 최윤칠 선수가 1위, 2위, 3위를 휩쓸어 세계를 놀라게 했지. 1992년 바르셀로나 올림픽에서는 황영조가 우승을 했고.

손기정은 귀국 후 더는 마라톤 선수로 뛰지 않았어. 그는 보성 전문학교(지금의 고려대학교)에 들어가 공부하다가 일본으로 유학을 떠났어. 해방 후에도 체육 분야에서 활동한 그는 노인이 되었을 때, 이렇게 말했단다.

"인생은 반환점 없는 마라톤이다. 돌이킬 수 없는 인생을 후회 없이 마무리하기 위해서 언제나 최선을 다하는 게 중요하다."

'코리언 댄서' 최승희

손기정과 남승룡의 통쾌한 승리가 있은 지 2년 뒤인 1938년 말, 무용가 최승희가 프랑스 파리에서 공연을 가졌어. 최승희는 공연 안내 프로그램 표지에 '재패니즈 댄서'라고 쓰지 않고 '코리언 댄서'라고 썼단다.

공연은 대성공이었어. 유명한 화가 피카소, 시인 장 콕토, 소설가 로망 롤랑 같은 예술가들이 최승희의 춤에 뜨거운 박수를 보냈어. 파리에 이어 벨기에, 이탈리아, 네덜란드, 스위스에서도 격찬을 받았단다. 유럽의 평론가들은 '세계적인 동양의 무희'라고 칭찬을 아끼지 않았어.

최승희는 서울에서 태어나 숙명여중·고를 다녔어. 학창 시절에는 음악을 아주 잘했단다. 그런데 졸업 무렵, 오빠와 함께 서울에서 열린 일본의 현대 무용가 이시이 바쿠의 공연을 보고 음악이 아닌 무용을 하기로 마음을 바꿨어. 최승희는 이시이 바쿠의 제자가 되어 일본 도쿄로 유학을 떠났어.

3년 뒤, 조선으로 돌아온 최승희는 서울 적선동에 무용 연구소를 차렸어. 그 무렵, 안필승이라는 청년을 만나 결혼을 했지. 안필승은 일본 와세다 대학에서 러시아 문학을 공부한 사람인데, 예술가들의 단체인 '카프'에서 활동하고 있었어.

그런데 일본은 예술가들의 활동조차 가만 내버려 두지 않았어. 일본에 반대하는 예술을 한다면서 카프 회원들을 체포하는 바람에 안필승은 감옥에 갇혔단다.

최승희는 남편을 감옥에 둔 채 지방 순회 공연을 했어. 최승희는 무대에서 춤을 췄을 뿐만 아니라 직접 무용을 창작하기도 했는데, 이때 최승희가 만든 작품은 남편을 감옥에 둔

최승희
1930년대의 모습이야. 신낙균이 찍었단다.

최승희 공연 팸플릿
세계 공연을 끝내고 돌아온 최승희는 '세계의 무희'라고 불리게 되었어.

아픔이나 일본에 반대하는 내용을 주로 담았단다.

　남편이 감옥에서 나오자, 최승희는 남편과 딸 승자(나중에 '성희'로 이름을 바꾸었어.)와 함께 스승을 찾아 일본으로 갔어. 무용 공부를 더 하기 위해서였지. 이 무렵 최승희는 조선 무용에 눈을 떴단다. 그때까지 자신이 해 온 무용은 조선 무용이 아니었다고 깨닫고서, 조선만의 특색 있는 무용을 해야겠다는 결심을 한 거야.

　그리고 최승희는 세계로 눈을 돌렸어. 세계 무대에 진출하여 조선인의 무용 솜씨를 알려야겠다고 생각한 거지. 남편 안필승이 매니저가 되어 적극 도와주었어. 안필승은 이때 이름을 '안막'으로 바꾸었단다.

최승희의 가족
남편과 딸 성희와 함께 찍은 가족사진이야. 최승희와 함께 북한으로 간 딸 안성희는 커서 엄마처럼 무용가가 되었어.

　최승희와 안막은 1938년 미국으로 건너가 로스앤젤레스와 뉴욕에서 공연을 하고, 프랑스로 갔던 거야. 프랑스에서 시작한 유럽 공연은 대성공을 거두었고, 그 뒤 남미로 가서 브라질, 우루과이, 아르헨티나, 페루, 칠레, 콜롬비아, 멕시코 등을 돌아다니며 공연을 했단다.

　최승희에게는 '세계 10대 무용가의 한 사람'이라는 칭찬이 쏟아졌어. 4년 동안 140여 회의 해외 공연을 마치고 돌아온 최승희, 그는 조선이 낳은 세계적인 스타가 되었어.

친일파인가 공산주의자인가

1943년 최승희는 일본군 위문 공연을 하기 위해 중국으로 갔어. 그가 일본군 앞에서 춤을 추고, 일본을 위해 국방 헌금을 냈기 때문에 친일파라고 욕하는 사람들도 많았어. 그런데 훗날, 당시 공연에 참가했던 한 악사는 이렇게 말했단다.

"최승희가 일본 군인들 앞에서 춤추고 나면 남편 안막은 밤마다 나타나 돈을 챙겨서 어디론가 갔는데, 알고 보니 안막은 독립군에게 자금을 건네주고 있었다."

이 말이 사실일까? 그렇다면 최승희는 겉으로는 일본인들과 친하게 지내면서 그들을 위해 공연을 했지만, 속마음은 조국을 생각하고 있었던 걸까?

최승희는 중국에서 해방을 맞았어. 그런데 해방과 함께 우리나

베이징(북경) 중앙 희극 학원 학생들을 가르치는 최승희

북한 최승희 무용단 단원들과 최승희

최승희는 '친일파' 였을까? 해방 후에는 북한으로 갔으니 '공산주의자' 였을까? 그를 둘러싼 수수께끼는 아직 풀리지 않고 있단다.

최승희와 손기정
당대의 두 스타, 손기정과 최승희가 나란히 사진을 찍었단다.

라는 38도선을 기준으로 남과 북으로 갈라졌단다. 38선 이북에는 소련군이 들어오고, 이남에는 미군이 들어왔어. 그러자 식민지 시절 중국, 러시아, 일본에서 활동했던 사람들은 남과 북, 둘 중 하나를 선택해서 귀국해야 하는 사태가 벌어졌어. 최승희의 남편 안막은 북한을 택했단다. 최승희는 시동생 안제승과 그 부인 김백봉, 아들 병건, 딸 성희를 데리고 일단 남한으로 귀국했다가, 얼마 후 남편이 있는 북한으로 갔어.

최승희는 북한에서 무용단을 만들어 눈부신 활동을 했어. 최승희가 창작한 무용극 〈조선의 어머니〉는 1951년 베를린 세계 청년 학생 축전에서 춤 부문 1등상을 탔단다. 최승희는 인민배우가 되었어. 하지만 최승희의 시대는 얼마 안 가서 막을 내려야만 했어. 1967년 무렵부터 최승희는 더 이상 활동하지 못했단다. 북한 정치가들이 요구하는 무용을 하지 않는다는 이유로 활동을 금지당한 거야.

최승희는 북한으로 간 월북자라 하여 남한에서는 오랫동안 이름조차 입에 올려서는 안 되는 사람이었어. 그러나 최근에는 탄생 90주년을 기념하는 텔레비전 프로그램이 방영되기도 했단다. 최승희의 춤은 6·25 전쟁 때 남한으로 내려온 제자 김백봉에 의해 오늘날까지 이어지고 있어.

김백봉
최승희의 제자 김백봉은 최승희의 시동생 안제승과 결혼하여 한 가족이 되었어. 김백봉은 해방 후 최승희와 함께 북한으로 갔다가 다시 남한으로 와서 지금까지 무용 활동을 계속하고 있단다.

상하이의 조선인 영화 황제, '김염'

1932년 중국의 영화 잡지 《전성》은 투표로 '영화 황제'를 뽑는 행사를 벌였어. 이 행사에서 '가장 잘생긴 남자 배우', '가장 친구로 사귀고 싶은 배우', '가장 인기가 있는 배우' 세 부문에서 모두 1위로 뽑혀 '영화 황제'가 된 사람은 바로 조선인 김염이었어. 김염의 본명은 '김덕린'. 영화배우가 되어 '불꽃 같은 삶을 살겠다.'고 결심하고는 스스로 이름을 '불꽃 염(焰)'이라고 지었지.

〈야초한화〉에 출연한 김염
김염은 영화로 중국 대륙을 사로잡았고, 중국에 사는 조선인들의 자랑이 되었어. 그런데 우리 왜 그를 모르는 걸까? 그건 아마도 김염이 해방 후에 귀국하지 않고 중국에 남았기 때문일 거야. 그는 1983년 일흔세 살의 나이로 중국 상하이에서 세상을 떠났단다.

조선인 김염이 어떻게 중국의 영화 황제가 될 수 있었을까? 김염은 독립 운동을 하는 아버지를 따라 두 살이라는 어린 나이에 만주로 갔어. 아버지가 돌아가신 뒤에는 고모부 김규식의 집에 얹혀 살며 외로운 십 대를 보냈지. 김염의 꿈은 영화배우였어.

하지만 그때는 요즘과 달라서, 영화배우는 점잖은 집안 출신이 하면 안 되는 일로 천시했단다. 김염은 '왜 영화로는 훌륭한 일을 할 수 없는가?' 하고 고민했어. 김염은 집안의 반대에도 불구하고 영화에 대한 꿈을 버리지 않았어.

김염은 상하이의 극장에 취직하여 청소, 표 팔기 같은 허드렛일을 하면서 영화배우가 되기 위해 노력했어. 당시 상하이에서는 영화가 큰 인기를 끌고 있었어. 특히 미국에서 들어온 할리우드 영화가 대인기였지. 몇 년 뒤, 김염은 〈야초한화〉라는 영화에 출연하면서 마침내 주목받기 시작했어. 그 후 〈들장미〉, 〈대로〉 등 히트 작품을 쏟아 냈지. 중국의 청소년들과 학생들은 김염의 영화에 열광했고, 그의 몸짓과 말투를 흉내 내곤 했단다. 사람들은 김염을 새로운 사회를 열망하는 젊은이의 상징으로 여겼어. 일본조차 김염에게 눈독을 들이고서 일본 영화에 출연하라고 했지만 김염은 단호히 거절했단다.

끌려간 젊음과 비굴한 친일파

1943년

그제야 조선인 노동자들은 깜짝 놀랐어.
"발사!"
'앗' 할 사이도 없이 노동자들의 가슴에는 총탄이 박혔고,
총에 맞은 사람들은 파 놓은 구덩이 속으로 떨어졌단다.
4년 동안 비행장 건설에 혹사당한 조선인 노동자 800여 명이
이렇게 한순간에 몰살당하고 말았어.
이런 식으로 얼마나 많은 곳에서
얼마나 많은 사람들이 죽어갔는지 아무도 정확히 몰라.

1931년
일제 시대
신채호의 《조선상고사》,
조선일보에 연재됨

1932년
일제 시대
이봉창, 윤봉길 의거

1936년
일제 시대
손기정, 베를린 올림픽 마라톤 우승

1943년
일제 시대
조선 총독부, 강제 징용 · 징병 실시

《테레진》이라는 책이 있단다.

2차 세계 대전 때 독일의 유태인 수용소에서 죽은 유태인 어린이들의

그림과 글을 모아 놓은 책이야.

독일이 유태인에게 얼마나 잔혹한 짓을 했는지 알려 주는 책이지.

학살당한 유태인들의 이야기는 책으로, 영화로 전 세계에 널리 알려져 있어.

그런데 일본 역시 독일 못지않게 우리 민족을 죽음으로 내몰았다는 사실은

정작 우리나라 사람들도 정확히 모르더구나.

게다가 일본은 우리 여성들을 전쟁터에 끌고 가서 일본 군인들의 노리갯감으로 만들었어.

어떤 사람은 "자랑스럽지도 못한 과거 일을 자꾸 들추어 내서 뭣하느냐,

그런다고 달라지는 것도 아닌데, 그냥 덮어 두자!"고 말해.

엄마는 그래선 안 된다고 생각해. 과거에 대한 철저한 반성이 없으면

미래도 제대로 설계할 수가 없어. 그냥 덮어 두면 앞으로 같은 일이 되풀이될지도 모르잖니.

또, 전쟁이 사람들을 얼마나 고통에 빠뜨리는지,

평화가 얼마나 소중한지를 깨달아야 하지 않겠니?

오늘, 우리 조상들이 겪었던 비극과 고통을 얘기하려는 건 그런 까닭이란다.

1945년
미 군정
8·15 해방

1948년
미 군정
김구, 38선을 넘어 북한 방문
(평양에서 성명서 발표)

1950년
대한민국
6·25 전쟁 일어남

해방 직전, 일본은 2차 세계 대전의 한복판에 뛰어들었어. 일본은 태평양과 아시아를 무대 삼아 미국과 전쟁을 했어. 그리고 전쟁에 필요한 군사 시설과 비행장을 짓고 광산에서 석탄을 캐는 데 조선인들을 강제로 끌고 갔단다.

이것을 '강제 징용'이라고 해. 그런데 일본은 필요한 공사가 끝나면 끌어 간 사람들을 몽땅 죽이는 잔인한 짓을 서슴지 않았어. 먼저, 평양 미림 비행장에서 벌어진 일을 말해 주마.

몰살당한 조선인 노동자들

평양 미림 비행장을 건설하는 공사 현장에는 조선인 약 8백 명이 일하고 있었어. 이들은 엄한 감시와 고된 일에 시달리면서도 공사가 어서 끝나 집으로 돌아갈 날만 손꼽아 기다리고 있었어. 하루는 일본군 장교가 공

2차 세계 대전

2차 세계 대전은 미국, 영국, 프랑스, 소련 등이 한편이 되고 독일, 이탈리아, 일본 등이 한편이 되어 싸운 세계 규모의 대전쟁이었어. 당시 독일의 지도자는 히틀러, 이탈리아의 지도자는 무솔리니였지. 유럽에 히틀러의 독일과 무솔리니의 이탈리아가 있다면, 아시아에는 천황의 일본이 있었단다.

사 현장을 감독하는 소장 다나카를 비밀리에 찾아왔단다.

"이제 비행장 공사가 마무리 단계에 접어들었소. 그동안 조선 놈들을 관리하느라 수고가 아주 많았소. 그런데 이곳은 비밀 군사 시설이기 때문에 내부 구조가 밖으로 새면 안 되오. 내 말은, 무슨 일이 있어도 이곳 비행장의 비밀이 조선인을 통해 유출되어서는 안 된다는 뜻이오. 어떻게 생각하시오? 다나카 선생."

"글쎄요, 그 점은 미처 생각하지 못했습니다."

"잘 들으시오. 우리 대일본 제국의 승리를 위하여 이곳 미림 비행장의 보안 유지는 필수적인 일이란 말이오. 그래서 우리는 이곳에서 일한 조선인 노동자들의 입을 막을 수밖에 없다는 결론을 내

평양 미림 비행장 학살 사건
평양 미림 비행장을 짓는 데 끌려간 조선인들은 비밀 군사 시설이라는 기밀이 밖으로 새면 안 된다는 이유로 모조리 죽음을 당했어. 이와 비슷한 일들이 여러 곳에서 일어났단다.

렸소. 그래서…… 자, 이리 가까이 오시오."

일본군 장교는 다나카의 귀에 대고 뭔가를 속삭였어.

다음 날, 점심시간이 끝나자마자 다나카 소장은 조선인 노동자들을 집합시켰어. 그리고 노동자들에게 긴 구덩이를 파라는 지시가 떨어졌지. 이윽고 구덩이가 완성되자 다나카 소장은 노동자들을 구덩이 앞에 한 줄로 늘어서게 했단다. 그때였어. 커다란 트럭 몇 대가 도착하더니, 무장한 일본군들이 뛰어내리는 것이었어. 일본군 지휘관은 소리쳤어.

"사격 준비!"

그제야 조선인 노동자들은 깜짝 놀랐어.

"발사!"

'앗' 할 사이도 없이 노동자들의 가슴에는 총탄이 박혔고, 총에 맞은 사람들은 파 놓은 구덩이 속으로 떨어졌단다. 4년 동안 비행장 건설에 혹사당한 조선인 노동자 8백여 명이 이렇게 한순간에 몰살당하고 말았어.

이런 식으로 얼마나 많은 곳에서 얼마나 많은 사람들이 죽어갔는지 아무도 정확히 몰라. 일본이 관련 기록들을 없애 버렸기 때문이야. 다만, '비행장 바닥에 조선인 시체가 깔려 있고, 철도의 침목 하나하나가 바로 조선인'이라는 소문이 나돌 정도로 많은 사람들이 희생되었단다.

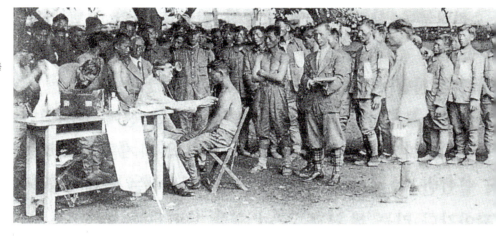

징용 신체검사
징용당한 청년들이 신체검사를 받고 있어.

전쟁터로 끌려간 젊은이들

징병
조선의 청년, 학생들은 일본 군복을 입고서 일본 군인이 되어 전쟁터로 나가야 했어. 싸움의 상대는 미국이었단다. 그때 일본은 태평양을 무대 삼아 미국과 싸우고 있었으니까 말야. 사진은 스무 살 청년 윤태봉이 1945년 8월 15일 아침, 전쟁터로 떠나기 전 고향 집에서 찍은 것이야. 그런데 몇 시간 뒤, 일본이 항복 선언을 하여 윤태봉은 끌려가지 않았단다.

2차 세계 대전이 막바지로 치달을 무렵, 일본은 조선의 청년, 학생들을 전쟁터에 군인으로 보내기 시작했어. 처음에는 지원자를 받아 보냈지만 나중에는 강제로 보냈단다. 학교에 다니던 학생들은 하루아침에 일본 군복을 입고서 총탄이 빗발치는 전쟁터로 가야 했어. 이것을 '징병'이라고 해.

그뿐인 줄 아니. 일본은 1944년 '여자 정신대 근무령'이라는 법을 만들어 12세 이상 40세 미만의 여자들을 의무적으로 '근로 정신대'라는 이름으로 공장에 나가 전쟁에 필요한 각종 물자를 만들게 했어. 근로 정신대는 그냥 '정신대'라고도 해. 흔히들 정신대 하면 종군 위안부를 가리키는 말로 알고 있지만, 정신대와 종군 위안부는 다르단다. 정신대와 종군 위안부를 똑같은 뜻으로 사용하는 것은 잘못이야.

정신대는 공장에 나가 일하는 것이고, 종군 위안부는 전쟁터에 있는 일본군을 위해 15세에서 19세에 이르는 꽃다운 조선 처녀들을 강제로 끌고 가서 일본군의 노리갯감으로 만든 거야. 종군 위안부는 여자 정신대 근무령이 발표되기 훨씬 전인 1930년대부터 이미 있었어.

종군 위안부
지친 얼굴로 간신히 몸을 가누고 있는 모습이 정말 애처롭구나. 전쟁터로 끌려갔던 종군 위안부들은 해방 후 아무런 위로나 보상도 받지 못했어. 오히려 자신의 과거를 숨긴 채 가난과 질병에 시달려야 했단다.

종군 위안부는 만주, 중국, 필리핀, 오키나와, 홋카이도 등 일본군이 가는 전쟁터마다 보내졌어. 그런데 일본이 패하게 되자, 일본은 이들을 동굴 속에 모아 놓고 폭파시키거나 참호 속에서 몰살시키기도 하고, 이들을 태운 배를 바다에 띄운 다음 기뢰에 부딪치게 해서 한꺼번에 죽게 했어. 그럴 시간조차 없을 때는 그냥 버리고 떠나 버렸지. 낯선 외국 땅에 버려진 종군 위안부들은 이리저리 떠돌며 간신히 목숨을 이어 가야만 했단다.

살아남아서 고국에 돌아온 종군 위안부들은 자신의 과거를 숨기며 살았어. 대한민국 정부도 종군 위안부들을 돌봐 줄 생각은 하지 않았지. 그러다가 1991년에 종군 위안부였던 김학순 할머니가 용감하게 증언을 하고 나서면서 종군 위안부 문제는 세상에 널리 알려지게 되었어. 유엔에서도 일본의 종군 위안부 동원은 '국제법

〈끌려감〉
종군 위안부로 끌려갔던 김순덕 할머니의 그림이야. 김순덕 할머니는 종군 위안부 할머니들이 모여 살고 있는 경기도 퇴촌의 '나눔의 집'에서 살다가 2004년 세상을 떠났어.

위반'이라고 공식 선언했단다. 하지만 여전히 일본은 아무런 책임이 없다고 발뺌을 하고 있어. 종군 위안부들 중에는 지금도 고국에 돌아오지 못하고 외국에서 살고 있는 사람이 많아. 공장으로, 탄광으로, 전쟁터로, 종군 위안부로 끌려간 사람들은 도대체 몇 명이나 되었을까? 아까도 말했듯이 일본이 자료들을 없애 버렸기 때문에 정확한 수는 알 수 없어. 그러나 추측은 할 수 있단다.

일본 대사관 앞 '수요 집회' 종군 위안부로 끌려갔던 할머니들이 서울 종로구에 있는 일본 대사관 앞에 모여 항의 집회를 열고 있어. 이 집회는 1992년 1월에 시작되어 지금까지 수요일마다 낮 열두 시에 어김없이 열리고 있지.

위인으로 둔갑한 친일파들

강제 징용이나 징병으로, 또 종군 위안부로 수많은 사람들이 죽음의 현장으로 내몰리고 있을 때, 앞장서서 일본을 대변하고 일본 편을 들면서 자신의 이익과 출세를 얻은 사람들이 있었단다. 이들을 '친일파'라고 해.

흔히들 친일파 하면 을사조약과 한일 병합 조약 때 일본의 요구를 들어준 이완용을 비롯한 '을사 오적'만을 떠올리곤 하는데, 이들 말고도 친일파들이 여럿 있었단다.

엄마는 친일파가 어떤 인물들인지 처음 알았을 때, 너무나 놀랐어. 교과서에서 또는 위인전에서 훌륭한 인물, 유명한 인물이라고 배웠던 사람들 가운데 많은 수가 친일파였기 때문이야.

3·1 운동 때 〈독립 선언서〉를 썼던 역사학자 최남선, 민족 대표의 한 사람이었던 최린, 소설가 이광수……. 교과서에 그 이름이 버젓이 실려 있거나, 밑줄 그어 가며 열심히 읽고 또 시험까지 보았던 글을 쓴 사람이 친일파라니, 어떻게 해서 친일파들이 이처럼 위인으로 뒤바뀌어 교과서에까지 실릴 수 있었을까?

그건 과거에 대한 반성을 철저하게 하지 못했기 때문이야. 친일파들의 잘못된 행동에 대한 비판과 반성을 제대로 하지 않고 그냥 어물어물 덮어 버렸기 때문에, 해방 후 친일파들이 되려 독립 운동가인 양 행세해도 어쩔 수 없게 된 거야.

2차 세계 대전 때 한동안 독일의 지배를 받았던 프랑스에서는 해

조선인의 피해

2차 세계 대전이 시작된 1939년부터 전쟁이 끝나고 해방이 된 1945년까지 조선 내에서 동원된 사람은 450만~480만 명, 일본으로 끌려간 사람들은 120만~150만 명, 중국과 동남아시아로 끌려간 사람들은 30만~40만 명, 종군 위안부 10만~13만 명, 줄잡아 700만 명 정도로 생각돼. 당시 조선 전체 인구가 2천2백만~2천4백만 명이었으니까 전체 인구의 3분의 1이 이런저런 형태로 일본에 강제 동원됐던 거야.

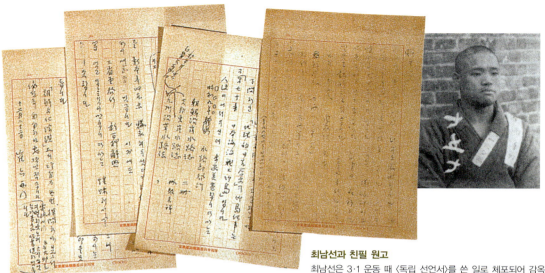

최남선과 친필 원고
최남선은 3·1 운동 때 〈독립 선언서〉를 쓴 일로 체포되어 감옥에 갇혔어. 사진은 그때 서대문 형무소에서 찍은 것이란다. 풀려난 뒤 최남선은 역사학자로 활약했지. 그러나 최남선은 일본에 협력하는 일을 많이 했단다.

이광수의 '민족 개조론'

이광수는 최초로 근대 장편 소설인 《무정》을 쓴 사람이야. 이광수는 1922년 5월 잡지 《개벽》에 '민족 개조론'을 발표했어. 조선인 민족성이 게으르고 이기적이고 열등하기 때문에 독립을 이룰 수 없으니, 민족성부터 개조하자는 글이었지. 이것은 일본이 조선 침략을 정당화하기 위해 했던 주장과 똑같은 것이었단다.

방 후 독일의 앞잡이 노릇을 했던 프랑스인들을 철저하게 가려 내어 비판하고 반성하게 했단다.

자, 그럼 우리나라 친일파들이 어떤 일을 했는지 알아보자.

"나는 지금에 와서는 이러한 신념을 갖는다. 즉 조선인은 조선인에 대한 모든 것을 잊어야 한다고. 피와 살과 뼈까지 일본인이 되어야 한다고."

이것은 소설가 이광수가 1940년 〈매일신문〉에 쓴 글이란다. 이광수는 당시 가장 유명한 소설가였어. 그의 말 한마디, 행동 하나하나가 다른 사람들에게 큰 영향을 미칠 수 있는 중요한 사람이었지. 그런 그가 '민족 개조론'을 주장하면서 친일의 길에 들어서더니, '창씨개명'에도 앞장섰단다. 그는 '가야마 미쓰로(香山光郞)'라고 창씨개명을 했어.

또, 조선의 청년, 학생들과 여성들이 전쟁터로 끌려가 죽어가고 있을 때, 친일파들은 전쟁터에 나가라는 연설을 하고 다녔단다. 역사학자 최남선은 이렇게 연설했어.

"이번 전쟁을 의로운 전쟁, 성스러운 전쟁이라 하지 않고 무엇이라고 할 것인가……. 한 사람도 빠짐없이 출진하기를 바라는 바이다."

'창씨개명'을 하는 사람들
일본의 강요에 따라 창씨개명을 하러 나온 사람들이야. 창씨개명은 조선 고유의 성과 이름을 버리고 일본식 성과 이름으로 바꾸는 것인데, 1939년 '조선 민사령'에 의해 시행되었어.

당시 이화 여전(지금의 이화여자대학교) 교장이었던 김활란도 '징병제와 여성의 각오'라는 글을 써서 전쟁을 칭송했어. 김활란은 '야마기 가쓰란(天城活蘭)'이라고 창씨개명을 했지.

일본에 협력하기로는 신문이나 잡지도 마찬가지였어. 일본의 식민지 지배를 옳다고 지지하거나, 전쟁을 칭송하면서 강제 동원을 지지하는 글, 징병과 정신대를 장려하는 글이 실리곤 했단다.

일본은 조선인과 일본인은 한 몸이라는 '내선일체', 조선인도 일본 천황의 신민이라는 '황민화' 등을 내세우면서 조선어를 완전히 없애고 일본어만 사용할 것, '황국 신민의 서사' 외우기, 창씨개명, 신사 참배 등을 강요했어. 이런 것들은 진심으로 조선을 일본과 동등하게 대우하려는 것이 아니라, 일본이 벌이고 있는 전쟁에 조선인들을 동원하여 이용하기 위해서

어린이 황국 신민의 서사

- 우리는 대일본제국의 신민입니다.
- 우리들은 마음을 합하여 천황 폐하께 충의를 다합니다.
- 우리들은 인고단련(괴로움을 참고 견디며 굳고 단단하게 함)하고 훌륭하고 강한 국민이 되겠습니다.

였어.

특히 '황국 신민의 서사'는 일본이 조선인들에게 학교나 관공서에서 아침마다 일제히 외우게 한 맹세였어. 어른용과 어린이용이 따로 있었다고 해.

❗ 하늘 우러러 한 점 부끄럼 없기를……

이광수를 비롯하여 내로라하는 소설가, 시인들이 일본을 찬양하고 있을 때, 어둠을 밝히는 한 줄기 등불 같은 시를 쓴 사람이 있어. 연희 전문학교(지금의 연세대학교) 학생이었던 윤동주란다. 세운이도 그의 시를 한 번쯤은 들어 봤을 거야. 윤동주 시집 《하늘과 바람과 별과 시》에 실린 〈서시〉를 같이 읽어 보자꾸나.

윤동주 지금의 연세 대학교인 연희 전문학교 시절의 모습이야. 윤동주의 무덤은 그가 소년 시절을 보낸 만주 룽징(용정)에 있어.

> 죽는 날까지 하늘 우러러 한 점 부끄럼 없기를
> 잎새에 이는 바람에도 나는 괴로워했다
> 별을 사랑하는 마음으로 모든 죽어가는 것들을 사랑해야지
> 그리고 내게 주어진 길을 걸어가야겠다
> 오늘 밤도 별이 바람에 스치운다

윤동주는 독립 운동을 한 죄로 감옥에 갇혔다가 해방을 4개월 앞둔 1945년 2월 16일, 세상을 떠났단다.

그런데 '황국 신민의 서사'를 지은 사람은 일본인이 아니라 김대우라는 조선인이었어. 정말 놀랍지 않니? 김대우는 해방이 되자 일본의 항복을 가슴 아파하며 엉엉 울었다고 해.

대관절 친일파들은 어떤 생각으로 일본의 앞잡이 노릇을 했을까? 친일파들 중에는 일본의 선전을 진실로 믿고 속아 넘어간 어리석은 이들도 있었고, 속아 넘어 간 것이 아니라 그렇게 확신한 이들도 있었어. 거짓인 줄 알면서도 자신의 부귀영화와 출세를 위해 일본에 협조한 이들도 있었단다.

신사 참배
일본은 조선인도 일본 천황의 신민이라는 황민화 정책의 하나로 신사 참배를 강요했어.

친일파를 처벌하자! '반민 특위'

해방 후 맨 먼저 해결해야 할 문제는 친일파 처벌이었어. 그래서 국회는 친일파를 처벌하기 위해 '반민족 행위 처벌법'을 만들고 '반민족 행위 특별 조사 위원회(약칭 반민 특위)'를 만들었단다.

반민 특위는 일제 시대에 높은 관리였던 자, 독립 운동가와 그 가족을 일부러 괴롭힌 자, 악질 경찰, 일본의 밀정 노릇을 한 자, 비행기나 탄약을 만드는 군수 공장을 세워 전쟁에 협조한 자, 일본의 침략을 지지하는 글을 쓴 자들을 친일파로 체포했어.

제일 먼저 체포된 사람은 박흥식. 그는 화신 재벌 회장이면서 조선 비행기 주식회사 사장이었는데, 외국으로 도망갈지 모르기 때문에 제일 먼저 체포되었단다. 그 뒤를 이은 사람은 이종형. 그는 만주에서 일본군을 도와 독립 운동가들은 붙잡아 죽이는 데 앞장섰던 사람이야. 그 밖에 독립 운동가를 고문하는 경찰로 악명을 떨친 노덕술, 〈황국 신민의 서사〉를 쓴 김대우, 이토 히로부미의 양딸 배정자, 소설가 이광수, 3·1 운동 때 민족 대표의 한 사람이었다가 친일파로 변신한 최린, 역사학자 최남선 들이 줄줄이 쇠고랑을 찼단다. 반민 특위가 체포하거나 체포 대상으로 삼은 사람은 약 680명이었어.

반민 특위에 체포된 사람들 반민 특위에 체포되었거나 조사 받은 사람들 중 상당수는 나중에 국회의원이나 관리가 되었고, 교육과 문화 분야에서도 활동했어.

사람들은 박수를 쳤어. 친일파들은 수많은 조선인들이 죽어 나갈 때 일본에 붙어 부귀영화를 누렸으니 이제 적절한 벌을 받아 마땅하다고 생각한 때문이야.

그러나 유감스럽게도 반민 특위는 1년도 안 돼 해산되고, 체포된 사람들은 모두 풀려났으며, 반민족 행위 처벌법도 흐지부지되고 말았단다. 왜일까?

당시의 정치가들 중에는 친일파들과 관련 있는 사람들이 꽤 많았는데, 이들이 친일파 처벌이 자기네에게 불리하다고 생각했기 때문이야. 이들은 반민족 행위 처벌법에 반대하는 목소리를 높이면서 이 법에 찬성하는 사람은 공산당이라고 몰아세웠단다.

윤덕영의 별장 윤덕영은 순종의 황후 순정효 황후의 큰아버지인데, 한일 병합 때 일본에게 자작 작위를 받았어. 일본에 협력하면서 영화를 누렸지.

"이런 민족 분열의 법을 만든 것은 국회 안에 있는 공산당들의 짓이다."
"친일파를 엄단하라고 주장하는 자들은 빨갱이다."

대통령 이승만도 반민 특위를 좋아하지 않았지. 결국 반민 특위는 해산되고 친일파 문제는 그냥 덮어 둔 채로 지나가게 되고 말았어.

친일파 중 대부분은 유명 인사들이었다고 했지? 그들은 자기의 친일 행위를 슬그머니 감춰 두고 유명 인사 자리를 계속 유지했어. 그 결과 그들의 이름은 교과서에 실리고, 그들이 쓴 작품도 교과서에 실려서 자라나는 청소년들에게 읽히게 되었단다.

친일파 처벌 문제는 과거를 제대로 반성하지 못하면 미래가 얼마나 잘못될 수 있는지를 분명하게 보여 주고 있어.

해방, 그러나
남북으로 갈린 나라

1945년

만 35년 동안 일본의 식민지가 되어 온갖 고통을 겪어야 했던
조선인들에게 해방은 오랜 가뭄 끝에 내린 단비처럼 반가운 소식이었어.
사람들은 이제 잃었던 나라를 다시 세우고
자유롭고 행복하게 살 희망을 품었단다.
그러나 안타깝게도 희망은 금방 이루어질 수 없었어.
지난번에도 말했듯이,
한반도는 강대국들의 이익 다툼의 현장이 되어 버렸기 때문이야.

1931년
일제 시대
신채호의 《조선상고사》,
조선일보에 연재됨

1932년
일제 시대
이봉창, 윤봉길 의거

1936년
일제 시대
손기정, 베를린 올림픽 마라톤 우승

1943년
일제 시대
조선 총독부, 강제 징용·징병 실시

대한제국부터 일제 시대에 이르는 동안 우울하고 슬픈 얘기가 참 많았지?

특히 일제 시대는 우리가 일본의 지배를 받았던 때라 더욱 그렇단다.

앞으로 둘러볼 역사는 해방 후부터 오늘날까지 이어지는 역사야.

해방을 맞은 사람들은 자유롭고 행복하게 살 꿈을 꾸었어.

그러나 꿈은 쉽게 이루어지지 않았단다.

우리 민족과 영토는 남북으로 갈라지고 말았어.

"엄마, 어쩌다 우리나라가 둘로 갈라진 거야?"

텔레비전에서 '평양 노래 자랑'을 보고 있던 세운이가 불쑥 물었어.

"글쎄다, 넌 어떻게 생각하니?"

"공산당 때문이었나?"

우리나라가 둘로 갈라진 데는 복잡한 사정이 있어.

그 복잡한 사정들 속에서 핵심을 짚어 보면,

우선은 우리나라가 강대국들의 이해 다툼에 휘말린 때문이고,

다음은 그것을 떨쳐 버릴 만큼 우리 민족이 단결하지 못했기 때문이란다.

그럼, 오늘은 우리나라가 남북으로 갈라진 사정을 알아보자.

1945년
미 군정 8·15 해방

1948년
미 군정
김구, 38선을 넘어 북한 방문
(평양에서 성명서 발표)

1950년
대한민국
6·25 전쟁 일어남

● 1945년 8월 6일 아침 8시쯤, 일본 히로시마의 하늘에 은빛 B29기가 나타났어. 미국의 폭격기였지. 잠시 후 B29 폭격기에서 뭔가가 떨어졌어. 그러고는 약 50초 후, 번쩍 하는 빛과 함께 거대한 버섯구름이 피어올랐단다. 세계 최초로 원자 폭탄이 사용된 거야. 히로시마는 순식간에 잿더미로 변하고, 폭탄이 떨어진 곳으로부터 5백 미터 안쪽에 있던 사람들은 그 자리에서 죽고 말았어.

사흘 뒤인 8월 9일, 미국은 이번엔 나가사키에 원자 폭탄을 떨어뜨렸어. 뿐만 아니라 하루 전인 8월 8일에는 소련이 일본과 싸우겠다고 선전 포고를 했지. 더 이상 견딜 수 없었던 일본은 마침내 무조건 항복을 선언했어.

1945년 8월 15일 정오, 라디오에서 일본 천황 히로히토의

서울의 일본인들
1945년 8월 15일 정오, 서울에 살고 있는 일본인들이 일본 천황의 항복 방송을 듣고 있어.

일본의 항복 일본 대표가 항복 문서에 서명을 하고 있구나. 서명 장소는 도쿄 만에 닻을 내린 미국 군함 미주리 호였어.

해방 일본의 지배에서 벗어난 기쁨에 사람들이 목이 터져라 만세를 부르고 있어.

목소리가 흘러 나왔어. 그의 목소리는 가늘게 떨리고 있었단다.

"본인은 대일본 제국의 최고 통치자로서…… 이 이상 전쟁을 수행할 수 없다는 판단하에…… 대일본 제국은 연합군에 무조건 항복하였음을 알리는 바이다……."

일본의 항복은 곧 조선의 해방을 뜻했어. 사람들은 거리로 뛰쳐나와 만세를 불렀단다. 만 35년 동안 일본의 식민지가 되어 온갖 고통을 겪어야 했던 조선인들에게 해방은 오랜 가뭄 끝에 내린 단비처럼 반가운 소식이었어. 사람들은 이제 잃었던 나라를 다시 세우고 자유롭고 행복하게 살 희망을 품었단다.

그러나 안타깝게도 희망은 금방 이루어질 수 없었어. 지난번에도 말했듯이, 한반도는 강대국들의 이익 다툼의 현장이 되어 버렸기 때문이야.

운명의 선 38선

그런데 미국은 꼭 원자 폭탄을 떨어뜨려야 했을까? 사실, 일본은 그 이전부터 항복할 기미를 보이고 있었어. 일본의 동맹국이었던 무솔리니의 이탈리아와 히틀러의 독일이 이미 항복했고, 일본 혼자서만 연합국을 상대하고 있었으니 곧 항복할 수밖에 없지 않았겠니. 미국은 일본의 항복을 좀 더 앞당기기 위해, 그리고 전쟁이 끝난 뒤 전 세계에서 미국의 힘을 좀 더 확대하기 위해 원자 폭탄을 떨어뜨린 거야.

일본이 항복 선언을 하자마자 미국과 소련은 약속했단다. 한반도를 북위 38도선을 경계선으로 삼아 남북으로 나누어서 남쪽에는 미군이, 북쪽에는 소련군이 각각 들어가 일본군의 항복을 받자고.

서울로 들어오는 미군
조선인들은 미군을 열렬히 환영했어. 나라를 해방시켜 준 은인이라고 생각했으니까. 그러나 미군의 생각은 좀 달랐어. 미군에게 조선은 다스려야 할 점령지일 뿐이었단다. 그래서 심지어 일본인 총독을 그대로 두려고까지 했어.

남산에 걸리는 태극기
해방된 지 열흘 뒤인 1945년 8월 25일, 그동안 일장기가 걸려 있던 남산의 국기 게양대에 태극기가 올라가고 있어.

*軍 군사 군
政 정사 정

북위 38도선을 경계로 삼자고 먼저 제안한 건 미국이었어. 그때 소련은 38도선 훨씬 밑으로 내려올 수 있었지만, 관심이 한반도보다는 만주에 더 있었기 때문에 만주를 차지하기만 하면 된다는 생각으로 미국의 제안을 받아들였단다. 이렇게 해서 그어진 38도선은 오늘날까지 우리 민족을 둘로 갈라놓고 있는 운명의 선이 되었어.

1945년 8월, 소련군이 미군보다 먼저 한반도에 들어왔어. 치스차코프 대장이 이끄는 소련군은 약속대로 38도선 이북에 들어왔고, 그보다 좀 늦은 9월 8일, 미군이 38도선 이남에 들어왔어. 38도선 이북과 이남에 각각 들어온 소련군과 미군은 군정(군사 정부)을 세우고 다스리기 시작했어.

기다리고 기다리던 해방이 되었건만, 소련군과 미군이 우리 영토와 민족을 둘로 나눠 다스리게 된 거야.

이로부터 3년 동안 우리 민족은 식민지 시절 못지않은 고난과 아픔을 겪어야만 했어. 강대국들의 이해관계 때문에 나라가 두 동강이 난 뒤, 남과 북의 갈등도 갈수록 깊어져만 갔기 때문이란다. 38선 북쪽은 소련의 영향 아래 사회주의를 향해 나아가고, 남쪽은 미국의 영향 아래 자본주의를 향해 나아가면서 남과 북은 완전히 다른 길을 걷게 되었어.

❗ '엄마 따라 갈 거야'

일본의 히로시마와 나가사키에 떨어진 원자 폭탄은 수백만 명의 생명을 앗아 갔어. 희생자 중에는 일본인뿐 아니라 일본에 살고 있던 조선인들도 많았어.

원자 폭탄을 맞고도 다행히 목숨을 건진 사람들은 방사능 때문에 평생 이상한 병을 앓아야 했어. 그 병은 후손들에게까지 전해졌단다. 열다섯 살 때 히로시마에서 원자 폭탄의 피해를 입은 이정자는 어른이 되어서도 숨이 차는 증세에 시달렸어. 물론 아들딸들도 건강하지 못했단다.

히로시마의 원폭 돔 뼈대만 앙상하게 남은 둥근 돔이 보이지? 원자 폭탄의 무서움을 후세에 알리기 위해 파괴된 상태 그대로 두었어. 추모 기도를 올리고 있는 두 사람은 당시에 심한 화상을 입었던 일본인 부부란다.

"성한 아이가 하나도 없어요……. 우리 막내딸은 …… 겨울이고 여름이고 겨드랑이에서 물이 줄줄 흘러내려요……. 난 그 애가 조용해지면 덜컥 겁이 나요. 그러면 여지없이 '엄마, 왜 날 낳았어요?' 내가 제일 싫고 무서워하는 그 말을 하고 말지요. 아무 대답을 못하는 엄마에게 그 앤 다짐하듯 말을 보탠답니다. '엄마 따라 갈 거야.'"

안타깝게도 원폭 피해자와 그 후손들은 한국 정부나 일본 정부로부터 아무런 보상도 받지 못하고 있단다.

우리는 무엇 하고 있었을까?

남과 북에 외국의 군사 정부가 들어서는 동안 조선인들은 무엇을 하고 있었을까? 해방을 맞을 준비를 전혀 하지 않았던 걸까? 일제 시대 내내 우리 민족이 끈질기게 독립 운동을 해 온 건 세운이도 잘 알고 있을 거야.

해방 직전에는 일본의 항복에 대비하여 독립 국가를 세울 준비를 하고 있었단다. 국내에서 활동하고 있던 독립 운동가들은 '건국 준비 위원회'를 만들어 해방을 맞을 차비를 갖추었어. 건국 준비 위원회의 중심인물은 여운형이었지.

해방 바로 다음 날, 여운형은 서울 휘문 중학교에 모인 5천여 명의 사람들 앞에서 이렇게 연설했단다.

"동포 여러분, 우리는 해방의 벅찬 소식을 전합니다. 이제 조선의 건국을 위하여 '조선 건국 준비 위원회'가 결성되었으니 모든 국민이 힘을 합하여 새 조국을 건설합시다. 민족의 모든 힘을 한데 모읍시다!"

건국 준비 위원회는 새 나라를 건설할 희망에 가득 차 있었어. 하지만 일은 그리 간단치 않았어. 미 군정은 오랫동안 조국의 독립과 해방을 위해 싸워 온 조선인들의 희생과 소망을 잘 알지 못했고 별 관심조차 없었어. 그래서 상하이 임시 정부는 물론이고 국내, 국외에 있는 여러 독립 운동 단체들, 해방이 되면 새 나라를 건설할 준비를 해 온 건국 준비 위원회

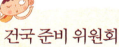

건국 준비 위원회

1945년 8월 15일에 만들어진 건국 준비 단체란다. 중심인물은 여운형. 건국 준비 위원회는 서울뿐 아니라 각 지방에도 만들어져서 새 나라 건국을 목표로 했어.

까지 전혀 인정하지 않았단다. '38선 이남에서 유일한 정부는 오로지 미 군정뿐.'이라고 선언하면서, 임시 정부든 뭐든 어떤 것도 인정하지 않는다고 했어.

미 군정의 가장 큰 관심은 38도선 이남을 소련이 아닌 미국에게 유리한 곳으로 만드는 데 있었어. 우리 민족의 독립이나 새 나라 건설은 두 번째였단다.

연설을 마치고 나오는 여운형

해방 다음 날인 8월 16일, 여운형이 서울 휘문 중학교에서 연설을 마치고 나오고 있어. 여운형은 일제 시대부터 독립 운동을 했고 해방 후에는 새 나라 건국을 위해 노력하다가 1947년 암살당했단다.

민족을 둘로 가른 '신탁 통치'

해방 후 넉 달이 지난 1945년 12월 말, 소련의 수도 모스크바에서 미국, 영국, 소련의 세 나라 외무 장관들이 모여 한반도의 운명을 결정하는 회의를 열었어. 이 회의를 '모스크바 삼상 회의'라고 해. 여기서 미국은 미국, 영국, 중국, 소련 4개국이 한반도를 5년 동안 '신탁 통치'하자는 의견을 내놓았어. 신탁 통치란 강대국들이 우리나라를 대신 통치하는 것을 말해. 그러자 소련이 다른 의견을 내놓았어. 소련의 의견은 임시 정부를 수립하자는 것이었지.

해방, 그러나 남북으로 갈린 나라

얄타 회담

해방 직전인 1945년 2월 얄타에서 미국의 루스벨트, 영국의 처칠, 소련의 스탈린이 모여 회담을 열었어. 조선을 당장 독립시키지 말고 일정 기간 신탁 통치를 받게 하자고 결정했지. 신탁 통치를 제안한 건 미국이었어.

애당초 미국은 한반도를 곧바로 독립시킬 생각이 없었단다. 이미 몇 년 전에도 미국 대통령 루스벨트는 조선을 20~30년 동안 신탁 통치하자고 제안한 적이 있어. 루스벨트는 식민지였던 조선이 과연 독립할 능력을 갖고 있는지 의심스럽다면서, 독립할 능력이 생길 때까지 신탁 통치가 필요하다고 주장했단다. 명분은 그럴듯했지만 진짜 속셈은 한반도를 미국의 세력 안에 두려는 것이었어. 당시 루스벨트의 제안에 소련의 스탈린도 동의했어. 다만 신탁 통치 기간은 짧을수록 좋겠다고 대답했단다.

만 35년이란 긴 시간 동안 조선인들이 얼마나 독립과 자유를 기다렸는지, 그를 위해 얼마나 많은 피눈물을 흘렸는지는 이들에게 관심 밖의 일이었어. 이들의 가장 큰 관심은 자기 나라의 세력을 얼마나 넓히느냐에 있었단다.

모스크바 삼상 회의는 토론 끝에 소련의 의견과 비슷한 '임시 정부 수립안'을 결정했어. 즉, 먼저 임시 정부를 수립하고, 신탁 통치 문제는 나중에 협의하여 결정하도록 한다는 것이었어. 그런데 문제는 이때부터 시작되었어. 어떻게 된 일인지 〈동아일보〉는 엉뚱한 기사를 대문짝만 하게 보도했단다.

"소련은 신탁 통치 주장, 미국은 즉시 독립 주장, 소련의 구실은 38선 분할 점령"

미국이 주장한 신탁 통치를 소련이 주장한 것처럼 정반대로 알린 데다가, 모스크바 삼상 회의의 결정 사항을 '임시 정부의 수립'

신탁 통치 반대 시위
모스크바 삼상 회의에서 한반도에 대한 신탁 통치가 결정되었다는 신문 기사가 나자 전국에서 강력한 반대 시위가 일어났어. 사진은 반대 시위를 하는 사람들을 말 탄 기마 경찰들이 해산시키는 장면이야.

이 아닌 '신탁 통치 결정'으로 잘못 알린 거야.

〈동아일보〉의 기사는 어마어마한 파문을 일으키며 온 나라로 퍼져 나갔어. 독립을 간절히 소망하고 있던 사람들에게 신탁 통치란 도무지 당찮은 일이었지. 때문에 신탁 통치를 주장했다는 소련에 대한 분노와 적개심이 불붙듯 타올랐어.

며칠 뒤, 모스크바 삼상 회의의 정확한 내용이 다시 보도되었어. 그러나 사람들에게는 이미 '모스크바 삼상 회의=신탁 통치=소련의 주장'이라는 생각이 머릿속에 굳게 박혀 버린 다음이었어.

신탁 통치 반대 운동이 전국적으로 일어났어. 신탁 통치에 반대하는 사람은 애국자, 찬성하는 사람은 매국노로 여겨졌어. 결국 신탁 통치를 놓고 사람들은 '찬탁(신탁 통치 찬성)'과 '반탁(신탁 통치

모스크바 삼상 회의 결정 사항

- 조선을 독립 국가로 재건하기 위하여 조선에 민주적인 임시 정부를 수립한다.
- 임시 정부 수립을 돕기 위해 남한의 미군 대표, 북한의 소련군 대표가 모여 미·소 공동 위원회를 연다.
- 미·소 공동 위원회의 제안은 조선 임시 정부와의 협의를 거쳐 최대 5년간 4개국 신탁 통치를 위해 미·영·중·소의 공동 토의에 부친다.
- 남북한의 긴급한 문제를 토의하기 위해 2주일 내 미군과 소련군 대표가 긴급 회의를 갖는다.

*冷 찰냉
戰 싸움 전

반대)'으로 나뉘어 걷잡을 수 없는 소용돌이에 휘말렸단다.

신탁 통치 문제는 우리 민족을 소련 지지자와 미국 지지자, 다시 말해 '사회주의 지지자'와 '자본주의 지지자'로 갈라놓았어. 해방 전 일제 시대에는 '민족'이 가장 중요한 잣대였는데, 이때부터는 '사회주의냐? 자본주의냐?'가 가장 중요한 잣대가 되었단다. 그 틈에 친일파들은 재빨리 열렬한 자본주의 지지자로 변신하여 출세를 엿보았어.

당시 사회주의 지지자들은 '좌익', 자본주의 지지자들은 '우익'이라고 불렀어. 좌익과 우익의 대립은 시간이 갈수록 치열해졌단다. 이것은 다시 말하면 남과 북의 대립이기도 했어. 38도선을 경계로 남한은 미국이, 북한은 소련이 군정을 실시하고 있었으니까 말야.

사회주의와 자본주의는 2차 세계 대전이 끝난 뒤부터 약 50년 동안 치열하게 대립했어. 비록 총탄이 쏟아지는 '뜨거운 전쟁'은 아니지만 그 못지않은 전쟁이었어. 그래서 이때를 '차가운 전쟁'의 시대, 즉 '냉전' 시대라고 불러. 냉전의 양 꼭짓점에는 미국과 소련이 각각 버티고 있었어. 2차 세계 대전 때까지만 해도 같은 편이었던 미국과 소련이 언제 그랬냐 싶게 서로 적이 되어 치열한 경쟁과 싸움을 벌였어. 그 와중에 우리의 영토와 민족이 둘로 갈라진 거야. 남북이 갈라진 건 냉전이 만든 비극이었어. 비록 그렇더라도, 이때 좌익과 우익이 서로 대립하지 않고 힘을 합쳤더라면 그리 쉽게 갈라지진 않았을지 몰라. 참으로 답답하고 안타까운 일이

독일의 베를린 장벽
독일을 동독과 서독으로 갈라 놓았던 베를린 장벽이 1989년 11월 9일 개방되자 기쁨에 넘친 독일인들이 베를린 장벽 위에 올라가 환호하고 있어.

로구나.

  2차 세계 대전 후, 우리처럼 둘로 갈라진 나라들이 또 있었어. 독일은 동독과 서독으로, 베트남은 남과 북으로 갈라졌지. 독일과 베트남도 우리와 마찬가지로 사회주의와 자본주의로 갈라졌어. 그런데 베트남은 1975년에, 독일은 1990년에 통일을 이루었어. 지금 우리는 세계에서 마지막으로 남은 유일한 분단 국가야. 그래서 21세기에 풀어야 할 우리의 가장 큰 과제는 분단된 나라를 하나로 통일하는 일이란다.

'사회주의'란 무엇인가?

박헌영 1925년 박헌영을 중심으로 조선공산당이 처음 만들어졌어. 일본은 사회주의를 몹시 탄압했단다. 그래서 조선공산당은 핵심 당원들이 체포되어 무너지고, 또다시 만들어지기를 몇 차례 되풀이했지. 박헌영은 해방 후 38선을 넘어 북한으로 갔어. 북한에서 부총리까지 지냈는데, 6·25 전쟁 후 미국의 간첩이라는 죄목으로 처형당했어. 사진은 해방 직후인 1946년, 모스크바의 고아원에 두고 온 딸 비비안나에게 편지와 함께 보낸 거야. 비비안나는 무용가가 되었어.

우리에게 사회주의가 처음 알려진 건 일제 시대였어. 사회주의는 외국에서 들어온 여러 가지 새로운 사상들 중의 하나였단다. 그런데 '사회주의'와 '공산주의'는 다른 것일까, 같은 것일까? 처음에는 공산주의라는 말은 없고, 사회주의라고만 했어. 그런데 1차 세계 대전을 거치면서 '공산주의'라는 말이 생겨났지. 따라서 정확히 말하자면 1차 세계 대전 전에는 '사회주의', 그 이후에는 '공산주의'라고 해야겠지만 사람들은 대개 적당히 섞어서 쓰곤 한단다.

사회주의는 독일의 철학자 카를 마르크스가 제창한 사상이야. 평등한 사회를 이루고자 하는 사상이지. 카를 마르크스는 유럽에서 산업 혁명이 일어나고 자본주의가 뿌리내릴 때, 비참한 노동자들의 생활을 보고는 '사회주의'를 제창하게 되었어.

사람들은 흔히 사회주의의 반대는 '민주주의'라고 생각하는데, 사회주의의 반대는 '자본주의'란다. 그럼 '민주주의'의 반대는 무엇일까? '독재' 또는 '전체주의'란다. 히틀러의 독일, 우리를 식민지로 지배한 일본이 바로 그것이야.

'사회주의냐, 자본주의냐?' 하는 것은 경제 형태에 따른 구분이고, '민주주의냐, 독재 또는 전체주의냐?' 하는 것은 정치 형태에 따른 구분이란다. 그러니까 민주주의는 사회주의에도 있을 수 있고, 자본주의에도 있을 수 있어.

최초의 사회주의 국가는 소련(러시아)이었어. 그 뒤로 동유럽 여러 나라, 인도, 중국, 북한 등이 사회주의 국가가 되었지. 그러나 소련은 1991년 해체되었고, 동유럽 여러 나라도 사회주의에서 자본주의로 변화하기 시작했어. 북한은 여전히 사회주의를 지키고 있는데, '주체사상'이라는 북한 나름의 사회주의를 지키고 있단다.

일제 시대에 사회주의가 들어왔을 때, 독립 운동가들 중에는 민족의 독립과 해방을 이루는 한 방법으로 사회주의를 선택한 사람들이 꽤 많았어. 또, 사회주의를 지지한 건 아니지만 관심을 보인 사람들도 있었어. 그건 새로운 사상에 대한 호기심 때문이기도 하고, 사회주의가 주장하는 '평등'에 매력을 느꼈기 때문이기도 해. 어쨌든 일제 시대에 사회주의를 지지했던 사람들이 민족의 독립과 해방을 목표로 삼았던 건 틀림없단다. 이들은 해방 후에도 사회주의 운동을 계속했는데, 이들을 '좌익'이라고 불렀어.

좌익이니 우익이니 하는 말은 해방 후 우리 역사를 읽을 때 참 자주 등장해. 좌익은 '공산당, 빨갱이'와 같은 뜻으로 쓰여. 하지만 알고 보면 좌익이니 우익이니 하는 것은 원래는 공산당이나 사회주의와는 아무 상관이 없단다. '좌익, 우익'이라는 말은 18세기 말 프랑스 혁명 때 생겼어. 프랑스 혁명 후 시민 대표들이 의회에 앉을 때, 의장을 기준으로 오른쪽에 온건파인 지롱드 당이 앉고, 왼쪽에 급진파인 자코뱅 당이 앉고, 중간에 중간파인 마레 당이 앉으면서 '우익, 좌익, 중도'라는 말이 생겼지.

38선을 넘는 김구 1948년

김구는 기꺼이 38선을 넘어 북한으로 갈 작정이었어.
말리는 사람들이 많았지.
신변의 안전을 염려하여 반대하는 사람도 있고,
김구를 '공산주의자'라고 비난하는 사람도 있었어.
그러나 김구의 결심은 변치 않았단다. 그는 다시 한 번 단호하게 말했어.
"38선을 베고 누워 죽더라도, 허리가 잘리는 민족의 비극은 막아야 한다."
1948년 4월 19일, 마침내 김구는 38선을 넘어 북쪽으로 갔어.

1931년
일제 시대
신채호의 《조선상고사》, 조선일보에 연재됨

1932년
일제 시대
이봉창, 윤봉길 의거

1936년
일제 시대
손기정, 베를린 올림픽 마라톤 우승

1943년
일제 시대
조선 총독부, 강제 징용·징병 실시

"김구가 누군 줄 아니?"

"알고말고. 훌륭한 독립 운동가잖아."

세운이 으쓱거리며 대답했어.

그렇단다. 우리나라 정치가들에게 존경하는 사람이 누구냐고 물으면

대개 김구라고 대답할 만큼, 김구는 지금도 널리 존경받는 사람이야.

해방 직후에도 그랬어. 임시 정부의 주석을 지낸 김구는

가장 존경받는 독립 운동가 중의 한 사람으로 손꼽혔단다.

그런데 어느 날, 김구가 살고 있는 경교장 앞에 사람들이 모여 웅성거리고 있었어.

김구가 38선을 넘어 북한으로 가는 것을 막기 위해 모인 사람들이었단다.

잠시 후, 이층 발코니에 김구가 모습을 나타냈어.

김구는 피를 토하듯이 사람들에게 외쳤단다.

"나는 민족을 위해 옳은 일을 하러 가는 것이니 막지 말라."

존경받는 독립 운동가 김구는

왜 38선을 넘어 북한으로 가려고 했던 걸까?

그 까닭을 알아보자.

1945년
미 군정
8·15 해방

1948년
미 군정
김구, 38선을 넘어 북한 방문
(평양에서 성명서 발표)

1950년
대한민국
6·25 전쟁 일어남

해방된 지 3년이 다 되도록 우리 민족은 여전히 독립 국가를 세우지 못하고 남과 북으로 갈린 채로 있었어. 독립 국가를 세우려면 선거를 하여 국회를 만들고, 정부를 세우고, 또 정부의 대표자인 대통령이나 총리를 뽑아야 하지 않겠니? 그런데 어찌 된 까닭인지 그런 일들이 도무지 순조롭게 진행되지 못하고 있었어.

그러던 중, 갑자기 38선을 기준으로 남쪽만 선거를 하여 정부를 수립한다는 발표가 났단다. 사람들은 어리둥절했어. 왜 북쪽은 제외하고 남쪽만 선거를 한다는 것일까? 그럼 앞으로 나라는 어떻게 되는 걸까?

김구는 38선 이남 지역만의 선거를 맹렬하게 반대했어. 그것은 나라를 영원히 둘로 분단시키는 것을 뜻했기 때문이야. 찬성한 건 이승만과 그 지지자들이었어.

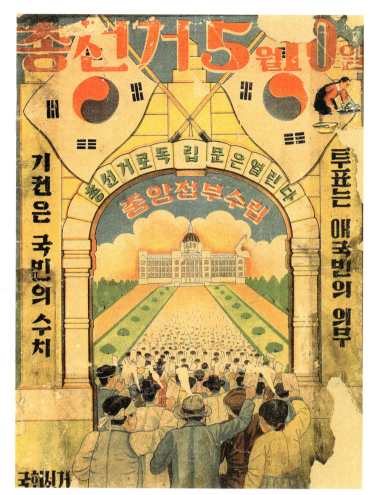

5·10 선거 포스터
5·10 선거는 해방 후 최초의 선거인 동시에 38선 이남의 단독 선거였어. —국립민속박물관

38선 이남의 단독 선거

38선 이남만의 단독 선거를 결정하게 된 건 근본적으로는 미국과 소련 두 강대국의 이해 다툼 때문이었어. 잘 이해가 안 갈 거야. 좀 더 자세히 설명할 테니 조금 복잡하고 어렵더라도 들어 보렴.

2차 세계 대전 후 시작된 미국과 소련의 대립을 '냉전'이라 한다 했지? 당시 한반도는 미국과 소련의 냉전이 가장 첨예하게 대결하는 현장이었어. 38도선을 경계로 남과 북에 미군과 소련군이 버티고 있었으니까 말야. 우리 민족의 독립은 냉전의 볼모가 되어 꼼짝없이 잡혀 있는 꼴이었지.

미국과 소련의 사이가 갈수록 나빠지는 가운데, 미국과 소련의 군정 밑에 있는 남과 북의 대립도 심해지고 있었어. 미국과 소련은 저마다 자기들에게 유리하게끔 한반도 문제를 풀고자 했어. 미국은 미국대로 한반도를 미국 영향권 안에 두려 했고, 소련은 소련대로 자기네 영향권 안에 두려 했단다.

모스크바 삼상 회의에서 결정한 내용들이 제대로 진행되지 않자, 미국은 한반도 문제를 유엔에 넘겼어. 당시 미국은 유엔에서 영향력이 매우 컸기 때문에 유엔에 넘기면 미국 쪽에 유리한 결론이 날 거라고 생각했던 거지.

유엔 총회는 한국 임시 위원단을 구성하고 그 감시 아래서 인구 비례에 따라 남북한 총선거를 실시한다고 결의했어. 그러자 소련이 가만있지 않았지. 소련은 '미·소 양군 철수 후 자주적 임시 정부 수립'을 주장했어. 그러면서 유엔 한국 임시 위원단이 38선 이북으로 들어오지 못하게 했단다.

그러자 미국은 다시 유엔에 38선 이남만의 단독 선거를 실시하자는 제안을 냈어. 이 제안은 1948년 2월 유엔 소총회에서 통과되

유엔(UN)

'국제 연합'이라고도 해. 2차 세계 대전이 끝난 뒤, 전쟁을 막고 세계 평화와 국제 협력을 이룬다는 목적 아래 1945년 10월 24일 창립되었어. 현재 남한과 북한 모두 유엔 회원국이란다.

유엔 한국 임시 위원단 환영식

유엔 한국 임시 위원단은 유엔이 한반도 문제를 해결하기 위해 만들었어. 김구는 유엔 한국 임시 위원단에게 남북한 총선거에 의한 자주적 통일 정부의 수립을 요구했단다. 그러나 이들은 제대로 활동할 수 없었어.

었단다. 선거일은 3개월 뒤인 5월 10일로 정해졌어. 자, 38선 이남만 선거를 하게 된 사정을 이제 알겠니?

38선을 넘는 김구

김구는 38선 이남만의 선거를 온 힘을 다해 반대했어. 그리고 '삼천만 동포에게 읍고함'이라는 성명을 발표했단다. 그 내용을 잠깐 볼까?

"나는 통일된 조국을 건설하려다가 38도선을 베고 쓰러질지언정 단독 정부를 세우는 데는 협력하지 아니하겠다……. 삼천만 동포

*泣 울 읍
告 고할 고

38선을 넘기 전 연설하는 김구
나라와 민족을 위해 가는 것이니 막지 말라고 김구는 열변을 토했단다.

형제 자매여! 붓이 이에 이르매, 원통하여 가슴이 막히고 눈물이 앞을 가리어 말을 더 이루지 못하겠다. 바라건대 나의 애달픈 고충을 헤아려 내일의 조국을 위하여 한 번 더 깊이 생각하라."

김구는 나라의 분단을 막기 위해 북한의 정치가들과 회담을 해야겠다고 결심했어. 김구는 영국과 소련을 거쳐 북한에 편지를 보냈단다.

"남북 정치 지도자 간에 정치 협상을 통하여 통일 정부 수립과 새로운 민족 국가 건설에 관한 방안을 토의합시다. 이를 위해서 우선 남쪽에서 남북 정치 협상에 찬성하는 애국 정당 대표 회의를 소집하여 대표를 선출하고자 합니다……."

한 달쯤 있다가 북쪽에서 답장이 왔어. '남한의 단독 선거 실시에 반대하는 남북한 모든 사회 단체 대표들과 4월 14일 평양에서 회의를 열자.'고 말야.

김구는 기꺼이 38선을 넘어 북한으로 갈 작정이었어. 말리는 사람들이 많았지. 신변의 안전을 염려하여 반대하는 사람도 있고, 김구를 '공산주의자'라고 비난하는 사람도 있었어. 그러나 김구의 결심은 변치 않았단다. 그는 다시 한 번 단호하게 말했어.

"38선을 베고 누워 죽더라도, 허리가 잘리는 민족의 비극은 막아야 한다."

1948년 4월 19일, 마침내 김구는 38선을 넘

38선을 넘는 김구

비서 선우진(왼쪽), 아들 김신과 함께 나란히 38선에 서 있어. 이들은 38선을 넘으면서 어떤 생각을 했을까? 김구 일행이 38선을 넘자 좌익과 우익이 손잡고 민주 정부를 세우자는 좌우 합작 운동에 앞장섰던 김규식도 38선을 넘었지. 김규식은 '상하이 영화 황제' 김염의 고모부이기도 해.

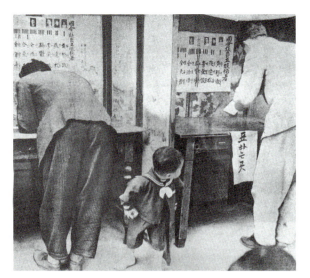

투표하는 사람들
1948년 5월 10일 실시된 5·10 선거는 우리 역사상 최초의 선거였어. 난생처음 투표를 하면서 사람들은 어떤 기분이었을까? 엄마 아빠를 따라 투표소에 온 꼬마는 신기하기만 한 가 봐.

어 북쪽으로 갔어. 평양에 도착한 김구는 성명서를 발표했단다.

"위도로서의 38도선은 영원히 존재할 것이지만, 조국을 양단(둘로 자름)하는 외국 군대들의 경계선으로서의 38도선은 일각이라도 존속시킬 수 없는 것이다. 38선 때문에 우리에게는 통일과 독립이 없고 자주와 민주도 없다. 어찌 그뿐이랴. 대중의 굶주림이 있고, 가정의 이별이 있고, 동족의 싸움까지 있게 되는 것이다."

김구 일행은 김일성을 비롯한 북한의 주요 정치가들과 만나 회의를 열고 몇 가지 사항을 결의했단다. 즉, 미군과 소련군은 동시에 남북한에서 철수할 것, 남북한 전체의 민주적인 투표에 의해 통일 의회를 만들고 의회에서 헌법을 제정하여 통일된 민주 정부를 구성할 것, 남한만의 단독 선거는 우리 민족의 의견을 대표하는 것이 아니므로 실시된다고 해도 결과를 인정하지 않을 것 등.

김구는 5월 5일 서울로 무사히 돌아왔어. 그리고 선거 거부 운동을 벌이는 동시에 미군 철수를 요구했단다. 그러나 역부족이었어. 5월 10일, 남쪽 지역만의 선거는 예정대로 실시되었어. 이것을 '5·10 선거'라고 해.

이렇게 해서 남한에는 1948년 8월 15일 이승만을 대통령으로 하는 '대한민국' 정부가 세워졌단다. 뒤이어 북한에서도 기다렸다는 듯 1948년 9월 9일 '조선 민주주의 인민 공화국' 정부가 세워졌어.

초대 대통령 취임식
1948년 7월 24일에 열린 대통령 취임식이야. 이승만이 초대 대통령으로 취임했어.

이제 남과 북은 완전히 다른 나라가 되고 말았어.

김구와 이승만의 서로 다른 길

'5·10 선거'에 반대하며 38선을 넘어 북쪽으로 갔던 김구, 그리고 '5·10 선거'에 앞장서 대통령이 된 이승만. 김구와 이승만은 둘 다 이름난 독립 운동가였어. 일제 시대에 이승만은 미국에서, 김구는 중국에서 활동했지. 나라의 독립을 위해 일한 두 사람이 해방 후에는 왜 서로 다른 길을 걸었을까?

김구는 1876년 황해도 해주의 텃골 마을에서 태어났어. 본명은 '창암'이란다. 청년 시절에는 동학에 들어가 동학 농민 운동 때 농

미국에서 활동할 때의 이승만
맨 왼쪽이 이승만이란다. 1904년 서른 살 때의 모습이야.

연설하는 김구
1948년 4월 22일, 평양 모란봉 극장에서 열린 남북 정치 협상 회의에서 김구가 연설을 하고 있어.

민군이 되어 싸웠지. 그런데 명성 황후 시해 사건이 김구의 삶을 완전히 바꿔 놓았어. 김구는 치하포라는 나루터에서 조선인으로 변장한 일본인을 보고, 명성 황후 시해에 앞장섰던 일당 중의 한 사람이 틀림없다고 생각하고 죽여 버렸단다. 그 일로 체포되어 사형 선고를 받았는데 고종의 특별 사면으로 사형이 정지되었고, 그 틈을 타 감옥을 탈출한 김구는 마곡사라는 절에 숨어 들어가 한동안 승려 생활을 했단다. 그 후 김구는 독립 운동 단체에 들어갔어. 그리고 중국 상하이로 가서 임시 정부의 경무국장이 되었고, 임시 정부의 최고 자리인 주석에까지 올랐어.

이승만은 김구보다 한 살 많았어. 1875년 황해도 평산에서 태어났지. 김구가 동학에 들어가 농민군이 되어 싸울 때, 이승만은 신식 학교인 배재 학당에 들어가 외국인 선교사들에게서 영어를 배우고, 독립 협회에서 계몽 운동을 했단다. 김구가 일본인을 살해한 죄로 감옥에 갇혔을 무렵, 이승만도 체포되어 감옥에 갇혔어. 김구는 탈옥하여 절에 들어갔지만, 이승만은 선교사들의 도움으로 석방되어 미국으로 갔단다.

이승만은 미국에서 공부에 전념하여 1910

년 프린스턴 대학에서 박사 학위를 받았어. 그 후 하와이에 머물면서 신문과 잡지에 글을 쓰고 강연을 했어. 이승만은 독립을 이루려면 총을 들고 싸우거나 일본인을 암살하는 방식이 아니라, 외교로 해야 한다고 주장했어. 특히 미국과의 외교를 무척 강조했단다.

8·15 해방이 되자 김구와 이승만은 각각 고국으로 돌아왔어. 나라 사정은 매우 복잡했단다. 미 군정과 소련 군정 아래서 독립 운동 세력들이 하나로 단결하지 못하고 뿔뿔이 흩어져 있었으니까. 김구는 답답해하면서 이렇게 말했어.

악수하는 이승만과 김구
해방 후 이승만과 김구가 경복궁에서 만나 악수를 하고 있구나. 그런데 그 뒤 두 사람이 간 길은 서로 달랐어. 김구는 통일된 나라의 문지기가 되고 싶어 했지만 결국 암살당했어. 이승만은 분단된 나라의 첫 대통령이 되었지. 무엇이 두 사람의 일생을 그토록 다르게 만들었을까?

"워싱턴도 모스크바도 우리의 서울은 될 수 없는 것이요, 또 되어서는 안 되는 것이니, 만일 그것을 주장하는 자가 있다면 그것은 예전에 도쿄를 우리 서울로 하자는 자와 다름없을 것이다. 우리의 서울은 오직 우리의 서울이라야 한다. 우리는 우리의 철학을 찾고, 세우고, 주장해야 한다."

미국도, 소련도 믿지 말고 우리 중심을 갖고 나라를 세워야 한다는 뜻이야. 그런데 1946년 6월 3일, 이승만은 전라북도 정읍에서 놀라운 말을 했단다.

"남쪽만이라도 임시 정부 혹은 위원회 같은 것을 만들어 38선 이북에서 소련이 물러나도록 하자."

김구의 장례
김구의 호는 '백범'이야. 천대 받는 백정이나 평범한 사람들이 애국심을 가져야 나라의 독립이 이루어진다는 뜻에서 '백' 자와 '범' 자를 넣어 지었지. 그 뜻을 알았을까? 국민장으로 치러진 김구의 장례식에는 수많은 평범한 사람들이 모여들었어.

즉 38선 이남에서만 선거를 실시하여 단독 정부를 세우자는 뜻이야. 미국이 정식으로 단독 선거를 입 밖에 내기도 전에 이승만이 먼저 주장한 거란다.

이승만은 왜 이런 이야기를 했을까? 김구는 나라의 분단을 막기 위해서는 북쪽 정치가들과도 협상해야 한다고 생각했고, 이승만은 나라가 분단되더라도 북쪽 정치가들과는 상대할 수 없다고 생각했기 때문이야.

남북한에서 각각 정부가 수립된 뒤에도 김구는 포기하지 않고 통일을 위한 노력을 계속했어. 그러던 1949년 6월 26일, 김구는 경교장에서 피살당하고 말았단다. 김구에게 총을 쏜 사람은 육군 소위 안두희. 그러나 안두희로 하여금 김구를 죽이게 한 것이 누구였는지는 아직도 분명히 밝혀지지 않고 있어.

안두희는 끝까지 비밀을 간직한 채 1996년 10월, 그를 민족의 원수라고 생각한 한 시민에게 죽음을 당했어.

❗ 김구의 '나의 소원'

"네 소원이 무엇이냐?" 하고 하느님이 물으시면 나는 서슴지 않고 "내 소원은 대한 독립이오." 하고 대답할 것이다. "그다음 소원은 무엇이냐?" 하면, 나는 또 "우리나라의 독립이오." 할 것이다. 또 "그다음 소원이 무엇이냐?" 하는 세 번째 물음에도 나는 더욱 소리를 높여서 "나의 소원은 우리나라 대한의 완전한 자주 독립이오." 하고 대답할 것이다. 동포 여러분! 나 김구의 소원은 이것 하나밖에 없다. 내 과거의 칠십 평생을 이 소원을 위해 살아왔고, 현재에도 이 소원 때문에 살고 있고, 미래에도 나는 이 소원을 이루려고 살 것이다.

《백범일지》 김구의 자서전이야. 쉬운 글로 당시의 생활 모습을 자세히 묘사해 놓았기 때문에 요즘 읽어도 퍽 재미있단다. -백범기념관

김구의 '나의 소원'은 식민지 시절에 쓴 것이 아니라, 해방 후 38선을 경계로 남과 북이 갈라져 있던 1947년에 쓴 글이야. 김구의 자서전인 《백범일지》에 실려 있단다.

제주도 4·3 항쟁

5·10 선거를 앞두고, 남한만의 단독 선거에 반대하는 운동이 각지에서 일어났어. 제주도에서 일어난 4·3 항쟁도 시작은 단독 선거 반대 운동이었단다.

선거를 한 달쯤 앞두었을 때, 그러니까 김구가 38선을 넘어 북쪽으로 가기 전에 4·3 항쟁은 시작되었어.

4월 3일, 한라산의 크고 작은 봉우리마다 봉화가 오르고, 마을마다 호소문이 뿌려졌어.

"미군은 즉시 철수하라!"

"나라 망치는 단독 선거 절대 반대한다!"

이윽고 선거일. 제주도의 세 개 선거구 중에서 한 군데만 간신히 선거가 치러졌어. 그런데 사건은 여기서 끝난 게 아니라 시작이었어. 대한민국 정부가 수립되고 이승만 대통령이 취임한 다음, 제주도에 대대적인 토벌 작전이 시행되었어. 공산당원들을 처단한다는 이유였단다. 이때 아이 어른 할 것 없이 아무 죄 없는 주민들이 무차별로 죽음을 당했어. 제주도의 마을들 중 3분의 2가 불타 버렸지. 떼죽음의 현장에서 간신히 살아남은 사람의 증언을 들어 보렴.

"여자는 여자들끼리, 남자는 남자들끼리 앉혀 놓고는 총으로 와작착 와작착 쏘아 대니…… 나중에 깨어 보니 애기를 안은 채 죽은 사람들한가운데 드러누워 있습디다. 죽은 사람들 위로 기름을 부어 불을 탁 붙여 버렸으니 와닥탁와닥탁 소리나면서 타는 시체가 니 것 내 것을 구분 못했어요."

도대체 왜 이런 일이 벌어졌을까? 단독 선거에 반대한 것이 어째서 공산당이라는 걸까? 제주도 4·3 항쟁은 확실하게 진실이 밝혀지지 않은 채로 남아 있는 우리 역사의 비극이야. 이때 제주도 사람들이 입은 마음의 상처는 지금도 아물지 않고 있단다.

4·3 맞이 거리굿 2008년 제주에서 4·3 항쟁 60주년을 맞아 문화 예술 축전이 열렸어. 그중 한 행사로 당시에 죽은 넋들을 위로하는 굿이 열렸단다.

민족을 둘로 가른 전쟁, 6·25

1950년

지금 남과 북은 '휴전 중'이야.
전쟁이 완전히 끝난 게 아니라 잠시 멈춘 상태라는 뜻이지.
그러니까 우린 언제든 다시 전쟁이 일어날지 모르는 불안한 상태에서 살고 있는 거란다.
하루빨리 전쟁의 공포에서 벗어나려면 어떻게 해야 할까?

1931년
일제 시대
신채호의 《조선상고사》,
조선일보에 연재됨

1932년
일제 시대
이봉창, 윤봉길 의거

1936년
일제 시대
손기정, 베를린 올림픽 마라톤 우승

1943년
일제 시대
조선 총독부, 강제 징용·징병 실시

　　엄마가 참 좋아하는 동화가 있단다.

　해방 후 우리 역사가 고스란히 녹아 있기도 하고, 엄마의 먼 친척 언니가

겪었을 법한 이야기가 담긴 동화야. 제목은 《몽실 언니》.

몽실 언니는 어린 의붓 동생 난남이를 키우며 6·25 전쟁을 겪는단다.

아버지는 전쟁터에서 입은 상처 때문에 죽고, 새어머니는 난남이를 낳은 뒤

먹을 것이 없어 죽었지. 전쟁은 군인들만 하는 것이 아니라 어린이들도 하는 것이었어.

배고픔, 부모를 잃은 아픔과 싸우는 전쟁 말야.

몽실이는 마을에 온 여자 인민군에게 물었어.

"국군하고 인민군하고 누가 더 나쁜 거여요? ……

왜 인민군은 국군을 죽이고, 또, 국군은 인민군을 죽이는 거여요?"

엄마도 똑같은 질문을 하고 싶구나. 인민군과 국군은 왜 서로 싸웠을까?

누가 더 나쁜 걸까? 6·25 전쟁은 남한과 북한의 전쟁이었지만,

따지고 보면 미국과 소련의 전쟁이었으며, 자본주의와 사회주의의 전쟁이었어.

그래서 어떤 학자들은 6·25 전쟁을 미국과 소련이 해야 할 전쟁을

대신한 '대리 전쟁'이라고도 한단다.

자, 오늘은 6·25 전쟁이 어떻게 시작되었으며, 또 어떻게 끝났는지 알아보자.

1945년
미 군정
8·15 해방

1948년
미 군정
김구, 38선을 넘어 북한 방문
(평양에서 성명서 발표)

1950년
대한민국 6·25 전쟁 일어남

남과 북에 각각 정부가 들어선 지 2년 만에 전쟁이 일어났어. 미국과 소련의 냉전은 갈수록 심해졌고, 그와 더불어 남과 북의 사이도 갈수록 나빠져서 결국 전쟁이 터지고 만 거야.

1950년 6월 25일 일요일 새벽, 북한 인민군의 대포들이 일제히 불을 뿜기 시작했어. 뒤이어 탱크들이 둔한 쇳소리를 내며 38도선을 넘어 남쪽으로 향했단다. 인민군은 개성, 의정부, 춘천, 강릉, 옹진 반도 다섯 방향으로 밀고 내려왔어.

38선에서 숨 가쁜 전투가 벌어지고 있는 동안 자동차로 불과 1시간 남짓밖에 떨어지지 않은 서울에서는 아무것도 모른 채 시민들이 평소와 다름없는 아침을 맞고 있었어.

휴전선
지금 남과 북은 '휴전 중'이야. 전쟁이 완전히 끝난 게 아니라 잠시 멎은 상태라는 뜻이지. 그러니까 우린 언제든 다시 전쟁이 일어날지 모르는 불안한 상태에서 살고 있는 거란다. 하루빨리 전쟁의 공포에서 벗어나려면 어떻게 해야 할까?

오전 11시쯤이 되어서야 서울 시민들은 길거리에 나붙은 신문 호외를 보고 비로소 전쟁이 터진 줄을 알았단다.

그렇지만 시민들은 별로 놀라지 않았어. 그 무렵 38선 부근에서는 국군과 북한 인민군 사이에 심심찮게 전투가 일어나곤 했기 때문에 이번에도 그런 전투 중의 하나려니 하고 생각한 거야. 또, 국군이 인민군보다 훨씬 우세하기 때문에 북한이 쳐들어온다 해도 금방 쫓아 버릴 수 있다고 큰소리쳐 온 정부의 말을 굳게 믿은 탓이기도 했어.

사흘 만에 빼앗긴 서울

하지만 실제는 전혀 달랐어. 인민군은 어느새 의정부를 넘어 서울로 향하고 있었는데도 국방부 장관 신성모는 국군이 잘 싸우고 있다는 말만 되풀이했단다.

"서울에 대한 국군의 방위는 철통 같습니다."

"3일 내지 5일 안으로 반드시 평양을 점령할 것이니 안심하십시오."

그러면서 이승만 대통령에게는 피난을 가라고 권했어. 이승만은 6월 27일 새벽 3시에 국방부 장관 신성모의 권유로 서울을 빠져나갔어. 대통령이 서울을 떠난 줄은 국회 의장조차 모르고 있었단다. 이승만 대통령이 떠난 날 저녁에도 라디오에서는 대통령의 녹음된 목소리를 방송하고 있었어.

전쟁의 먹구름

1948년 말, 소련은 북한에서 군대를 철수시켰어. 그리고 유엔의 결정에 따라 이듬해 6월, 미군도 철수하자 북한은 전쟁 준비를 했어. 남한에서도 그때 북진 통일의 주장이 한층 강해졌단다. "반공, 북진 통일"을 외치던 이승만 정부는 미국에 무기와 물자 원조를 요구했어. 그러고는 3일이면 평양을 점령할 수 있다고 큰소리쳤단다.

끊어진 한강 다리
한강을 건너 남쪽으로 피난 가려고 나온 사람들은 끊어진 한강 다리를 보고 깜짝 놀랐어.

"유엔에서 우리를 돕기로 했으니 국민 여러분은 안심하고 계십시오. 이제 곧 적을 물리치게 될 것입니다."

그 사이 인민군은 미아리 고개를 넘어 서울로 들어왔단다. 이때까지도 정부를 믿고 있던 서울 시민들은 그제야 황급히 피난길에 나섰어. 한강 주위는 다리를 건너려는 사람들로 북새통을 이루었지. 지금 한강에는 스무 개가 넘는 다리가 놓여 있지만, 그때는 사람이 건널 수 있는 다리가 하나뿐이었어.

6월 28일 새벽 2시 30분, 요란한 소리와 함께 한강 다리가 무너져 내렸어. 다리를 건너던 수백 명의 사람들도 다리와 함께 강물로 떨어졌단다. 국군이 한강 다리를 폭파한 거야. 작전상 어쩔 수 없었던 것일까? 그랬다 해도 사람의 생명을 그토록 함부로 대해선 안 되는 일이었어. 더군다나 서울 시민들은 아무 일 없으니 안심하라는 정부의 말만 믿고 피난 갈 생각조차 하지 않았잖니? 한강 다리 폭파는 6·25 때 정부가 저지른 잘못 가운데 가장 무책임하고 비인간적인 일이라는 비난을 받고 있단다.

　서울 시민들은 다리가 끊겼으니 오도 가도 못한 채 인민군을 맞아야만 했어. 세 시간 뒤인 새벽 다섯 시, 인민군은 서울을 공격하기 시작했고, 오전 11시 30분 무렵에는 서울을 완전히 점령했어. 38선을 넘어 총공격을 시작한 지 사흘 만이었지. 인민군은 더는 남쪽으로 내려가지 않고 일단 진격을 멈추었단다.

유엔군 참전과 인천 상륙 작전

　한반도에서 전쟁이 터졌다는 소식을 들은 미국은 급히 유엔 안전 보장 이사회를 소집했어. 안전 보장 이사회에서는 유엔군을 만들어 한반도에 보내자는 미국의 제안을 놓고 토론이 벌어졌단다. 인도는 유엔이 개입하면 전쟁이 확대될 우려가 있다면서 반대했지만, 미국의 제안은 통과되었어. 그에 따라 유엔군이 창설되고, 미국의 맥아더 장군이 총사령관으로 임명되었단다. 유엔군은 미국, 영국, 프랑스 등 16개국의 군대로 이루어졌어. 그렇지만 공군의 98퍼센트, 해군의

유엔 결의
유엔 안전 보장 이사회에서 유엔군을 파견하기로 결의하는 장면이야. 유엔군이 파견된 것은 유엔이 만들어지고 이때가 처음이었어.

83.3퍼센트, 육군의 88퍼센트가 미군이었기 때문에 사실상 유엔군의 이름 아래 미군이 싸우는 것이나 다름없었지.

유엔 안전 보장 이사회가 열리는 동안 인민군은 한강을 넘어 남쪽으로 물밀 듯 내려왔어. 그리고 전쟁이 시작된 지 2개월, 인민군은 낙동강 일대, 그러니까 경상남도와 경상북도를 제외한 전 지역을 손에 넣었어. 다급해진 이승만 대통령은 국군의 작전 지휘권을 미군에게 넘겨 주었단다. 이때부터 국군은 미군의 지휘를 받으며 전쟁을 하게 되었어.

인천 상륙 작전을 지휘하는 맥아더
가운데 망원경을 들고 앉아 있는 사람이 유엔군 총사령관 맥아더야.

국군과 유엔군은 낙동강을 최후의 방어선으로 삼고 치열한 전투를 벌였어. 경상북도의 대구와 경상남도의 부산마저 빼앗긴다면 한반도는 완전히 인민군의 손에 들어가고 마는 것이었어.

서울을 빼앗긴 이승만 정부는 부산을 임시 수도로 삼았어. 조용했던 부산은 하루아침에 피난민으로 북적이는 도시로 변했단다. 쓰러져 가는 판잣집이라도 피난민들에겐 그저 고마운 잠자리였어. 사람들은 고단한 피난살이를 하며 하루하루를 버텼어.

9월 15일, 유엔군 사령관 맥아더는 인천 상륙 작전으로 인민군의 허를 찔렀단다. 그리고 9월 28일, 유엔군과 국군은 서울을 되찾고 중앙청에 태극기를 다시 휘날리게 했어. 그리고 계속해서 38도선을 넘어 북한으로 진격해 들어갔지. 유엔군과 국군은 압록강까지 이르렀어.

중국의 참전

중국의 참전은 세계 대전이 다시 일어날 조짐으로 보였어. 전쟁을 더 계속하다가는 소련까지 참전할지도 모르는 일이었지. 더욱이 만주를 공격하자는 맥아더의 주장이 큰 파문을 일으키자, 미국의 트루먼 대통령은 전쟁을 빨리 끝내야겠다는 생각에서 맥아더를 유엔군 총사령관에서 해임시키고 리지웨이 장군을 후임자로 임명했어.

이 무렵, 유엔군과 국군의 진격에 위협을 느낀 중국이 전쟁에 참전했어. 이때 중국은 소련, 북한과 마찬가지로 사회주의 나라였단다. 그런데 중국이 참전하자 맥아더는 이참에 아예 만주를 공격하자고 주장했단다. 그러면서 맥아더는 원자 폭탄을 사용하자고 했어. 나중에 맥아더는 그때 만주를 공격했어야 한다면서 이렇게 회상했단다.

"나는 만주의 숨통을 따라 30~50발의 원자 폭탄을 줄줄이 던졌을 것이다. 그리고…… 우리의 뒤편인 동해에서 서해까지 60년 내지 120년 동안 효력이 유지되는 방사성 코발트를 뿌렸을 것이다."

이때 만약 맥아더의 뜻대로 되었다면 우리의 동해와 서해는 방사능으로 오염되고 한반도는 죽음의 땅이 되었을 거야. 상상만 해도 으스스하구나.

전쟁고아
전쟁이 일어나면 가장 고통 받는 것은 어린이들이란다. 6·25 전쟁 통에 부모를 잃고 하루아침에 고아가 된 어린이들이 10만 명이나 되었어.

헤어진 가족들

중국군이 참전하자, 유엔군과 국군은 도로 후퇴하기 시작했어. 이때 북한 주민들도 상당수 남쪽으로 피난했단다. 계속되는 폭격 때문에, 또 원자 폭탄이 떨어질지 모른다는 소문을 듣고

서, 또는 미군의 피난 권유로 피난길에 오른 사람들이었어.

　흥남 항구, 원산 항구 등 북한의 주요 항구는 배를 타려는 피난민들로 북새통을 이루었지. 그 바람에 아내와 자식을 잃어버린 남편, 가족과 헤어져 홀로 배를 탄 청년⋯⋯. 이때 헤어진 가족들 중에는 영영 만나지 못하게 된 경우가 아주 많았단다. 전쟁은 가족, 연인, 친구 들을 갈라놓았어. 헤어진 가족들은 서로를 그리워하며 남과 북에서 죽었는지 살았는지조차 모르는 채 지금까지 지내고 있어.

무너진 대동강 철교와 피난민들
중국군이 6·25 전쟁에 참전하자 국군과 유엔군은 12월 5일 평양에서 철수했어. 사진은 평양 대동강의 무너진 철교를 가까스로 건너 남쪽으로 내려오는 피난민들의 모습이야.

　1월 4일, 서울은 다시 인민군의 손에 들어갔고 국군과 유엔군은 더 남쪽으로 후퇴했어. 이것을 '1·4 후퇴'라고 해. 그러나 약 한 달 뒤, 국군과 유엔군은 서울을 되찾았어. 그런 다음, 남과 북은 38도선을 중심으로 서로 밀고 밀리면서 팽팽한 긴장 상태를 이루었지. 그 상태에서 정전 회담이 시작되었단다.

　정전 회담은 2년을 끌었어. 회담이 진행되는 중에도 전투는 끊임없이 계속되었지. 정전 협정을 맺는 데 조금이라도 유리한 위치

휴전선 긋기 판문점에서 정전 협정을 맺으면서 휴전선을 정하는 장면이야. 미국의 머레이 대령과 중국의 장춘산 대좌가 휴전선을 긋고 있어.

정전 협정서 유엔군 대표로 미국의 해리슨 소장, 북한 인민군 대표로 남일 중장이 서명했어. 남한 대표는 참석하지 않았단다.

를 차지하기 위해서였단다. 특히 미군의 북한 폭격은 더 심해졌어. 북한의 원산에는 무려 861일 동안 폭격이 가해졌단다. 원산에 가해진 폭격이 얼마나 심했는지 미국 해군 소장 스미스의 말을 들어 볼까?

"원산에서는 길거리를 걸어 다닐 수 없다. 24시간 내내 어느 곳에서도 잠을 잘 수 없다. 잠은 곧 죽음을 뜻했다."

마침내 1953년 7월 27일 유엔군 대표인 미국의 해리슨 소장과 북한 대표 남일 중장은 정전 협정에 서명했어. 이로써 3년에 걸친 전쟁은 막을 내렸어.

전쟁이 남긴 상처

이산가족 찾기
6·25 전쟁은 생명과 재산 피해뿐만 아니라 남과 북, 서로의 마음에 지워지지 않는 깊은 상처를 남겼단다. 전쟁으로 가족과 헤어진 사람들은 60여 년이 지난 지금도 잃어버린 가족을 찾아 헤매고 있어.

정전 협정 후, 스위스 제네바에서 남한과 북한, 중국, 소련, 미국 등 19개국 대표가 모여 한반도 문제를 평화적으로 해결하기 위한 회의를 열었어. 그러나 뚜렷한 결론을 내리지 못하고 그냥 끝나고 말았단다. 결국 한반도는 총질만을 멈춘 정전 상태로 오늘에 이르고 있어. 지금 우리들은 전쟁이 완전히 끝난 것이 아니라 전쟁이 중단된 상태, 다시 말해 언제라도 전쟁이 다시 시작될 수 있는 불안한 상태에서 살고 있는 거야. 이 얼마나 끔찍한 일이냐. 그렇기 때문에 정전 협정을 '평화 협정'으로 완전히 바꿔야 한다고 주장하는 사람들이 많아. 엄마도 그 주장에 찬성한단다.

전쟁은 남북한 모두에게 치명적인 타격을 주었어. 남한은 약 100만 명이 죽거나 다쳤으며, 북한은 약 300만 명이 죽거나 다쳤단다. 남북한 모두 철도와 다리, 공장, 건물 등이 파괴되어 잿더미만 남았어.

또, 전쟁통에 남편을 잃은 여자가 약 20만 명, 부모를 잃은 고아가 약 10만 명이나 생겼단다. 남한에서 북한으로 간 사람이 약 30

만 명, 북한에서 남한으로 온 사람이 약 50만에서 100만 명이나 되었어. 뿐만 아니라 인민군과 유엔군이 번갈아 가며 점령했던 곳에서는 '공산주의'와 '자본주의'라는 사상을 앞세운 살해와 그것에 보복하는 살해가 잇달았어.

한 인민군 포로의 이야기

평안북도 정주가 고향인 조윤하는 6·25 전쟁이 일어났을 때 스물여섯 살이었어. 총 한 번 쥐어 보지 않았던 그는 멋모르고 신체검사를 받으러 나갔다가, 그길로 인민군이 되어 낙동강까지 내려왔단다.

인민군이 후퇴하면서 조윤하는 죽을 고비를 몇 번 넘긴 끝에 포로가 되었

거제도 포로수용소 북한군 포로와 중국군 포로들을 수용했던 곳이야. 지금은 유적 공원이 되어 있지.

어. 그리고 거제도 포로수용소를 비롯하여 다섯 군데 수용소를 옮겨 다니며 2년을 지냈지. 정전과 함께 포로 석방이 시작되었어. 포로들에게 가고 싶은 곳을 선택하라고 했단다.

"면회 심사라는 걸 하는데 가시 철망 딱 쳐 놓구 한 사람씩 불러다가, '이북으로 가갔나, 여기 있갔나?' 이북으로 갈 사람은 저리루 가구 남갔다는 사람은 이리루 오구……."

조윤하는 북한으로 돌아가지 않고 남한에 남기를 선택했어. 이렇게 인민군 포로 중에서 남한을 선택한 사람을 '반공 포로'라고 해. 조윤하는 석방된 뒤, 남한에 적응하기 위해 힘든 노력을 기울여야 했어. 반공 포로는 전쟁이 낳은 아픔이었단다.

6·25 전쟁 후 남과 북의 사이는 거의 회복이 불가능할 정도로 더 나빠졌어. 남한과 북한은 서로를 적으로, 아니 원수로 여기게 되고 말았단다. 그것이야말로 전쟁이 남긴 가장 깊은 상처였어.

　6·25 전쟁은 국제적으로도 큰 영향을 미쳤어. 6·25 전쟁 덕분에 불경기에 시달리던 일본과 미국은 전쟁에 필요한 무기, 약품, 음식 등을 팔아 많은 이익을 얻었어. 특히 일본은 6·25 전쟁 덕분에 13억 달러가 넘는 수입을 올리면서 경제 대국으로 되살아나게 되었단다. 또한 6·25 전쟁을 거치면서 국제 무대에서 자본주의와 공산주의의 대립은 보다 확실해졌어.

두 여중생의 죽음과 '소파(SOFA)'

온 나라가 월드컵의 열기로 뜨겁게 달아오르고 있던 2002년 여름, 경기도 양주에서 일어난 사건을 알고 있니? 길을 걸어가던 효순이와 미선이라는 두 여중생이 미군의 장갑 궤도차에 깔려 죽은 사건 말이다.

사고를 낸 미군은 처벌을 받지 않고 풀려났어. 실수로 교통 사고를 낸 운전자도 자기 실수에 대해 책임을 지고 처벌을 받기 마련인데, 사람이 죽었는데도 아무런 처벌을 받지 않고 풀려났다니 이해가 되질 않는구나. 그건 '소파(SOFA)' 때문이었어.

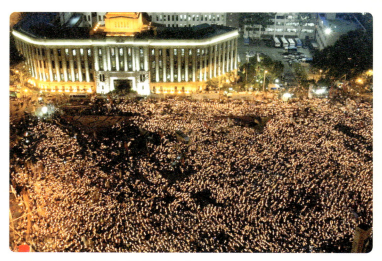

효순이와 미선이를 추모하는 촛불 참 많은 사람들이 모였구나. 효순이와 미선이 사건을 계기로 소파(SOFA)를 개정해야 한다는 운동이 일어났어.

6·25 전쟁 후부터 오늘날까지 우리나라 곳곳에는 미군 부대가 머물고 있어. 이들을 '주한 미군'이라고 하는데, 소파(SOFA)는 주한 미군의 법적 지위에 대해 정해 놓은 여러 가지 법령과 규칙이란다.

소파(SOFA)는 1966년에 맺어져 1967년부터 시행되었어. 소파(SOFA)에 따르면, 주한 미군이 우리나라에서 범죄를 저지르더라도 우리에게는 사실상 재판할 권리가 없게끔 되어 있어. 그동안 수많은 미군 범죄가 일어났는데도 제대로 처벌받은 경우가 없는 것은 바로 '소파(SOFA)' 때문이야. 그럼 어떻게 해야 할까? 불평등한 소파(SOFA)를 개정해야 한다고 주장하는 사람들도 있고, 개정할 필요가 없으며, 또 개정할 수도 없다고 말하는 사람들도 있어. 그런데 소파(SOFA)는 한반도가 정전 상태라는 것을 전제로 하여 맺어진 협정이야. 그러니 정전 상태가 완전한 평화 상태로 바뀐다면 소파(SOFA)는 더 이상 필요 없게 되지 않을까?

추모비
한 가족이 사고 현장에 세워진 추모비 앞에서 명복을 빌고 있어.

경제 성장의 빛과 그늘 1970년

전태일의 마지막 외침,
'내 죽음을 헛되이 하지 말라!'는 외침은 평화 시장 노동자들뿐 아니라
우리나라 모든 노동자들의 가슴에 불을 붙였어.
그의 죽음이 있은 뒤, 노동자들이 노동조합을 만들어 근로 조건을 개선하고,
노동자들의 권리를 지키려는 노동 운동이 전국으로 퍼져 나갔단다.
전태일의 외침은 노동 운동의 신호탄이었어.

1943년
일제 시대
조선 총독부, 강제 징용·징병 실시

1945년
미 군정
8·15 해방

1948년
미 군정
김구, 38선을 넘어 북한 방문
(평양에서 성명서 발표)

1950년
대한민국
6·25 전쟁 일어남

"대망의 80년대, 100억 불 수출, 1000불 소득."

무슨 소리냐고? 엄마가 중학생 때, 학교 현관에 붙어 있던 표어란다.

매일 아침 학교에 도착하면 먼저 눈에 띄는 것이 바로 이 표어였어.

지금 우리나라 1인당 국민 소득은 2만 달러에 조금 못 미친단다.

하지만 그때는 1인당 국민 소득이 지금의 20분의 1도 채 안 되었어.

그래서 1000달러 소득을 목표로 온 국민이 열심히 노력하자는 운동이 벌어졌던 거야.

표어뿐 아니라 노래도 있었어.

"잘살아 보세, 잘살아 보세. 우리도 한번 잘살아 보세."

6·25 전쟁이 끝난 뒤 우리나라는 전쟁이 남긴 상처를 씻기 위해 안간힘을 썼어.

가장 절실한 문제는 경제를 살리는 일이었지.

지긋지긋한 배고픔에서 벗어나 남들처럼

나도 한번 잘살아보는 것이 사람들의 꿈이고, 소원이었단다.

자, 오늘은 우리나라가 어떻게 경제 발전을 이루었는지,

그 과정에서 사람들이 얼마나 열심히 노력했는지 알아보기로 하자.

1970년
대한민국 전태일, 분신

1987년
대한민국
6월 민주 항쟁

2000년
대한민국
북한에서 남북 정상이 만남

● 전쟁 후, 우리나라는 경제를 살리기 위해 미국의 도움을 받았어. 미국은 쌀, 밀, 보리 같은 농산물을 무료로 대 주기도 하고 공장을 차리도록 도와주기도 했어. 이것을 '무상 원조'라고 해. 아무런 대가 없이 도와준다는 뜻이야.

그러나 미국의 무상 원조는 실은 무상 원조가 아니었어. 미국은 나름의 목적이 있었거든. 미국이 우리를 도와준 건 우리나라를 확실한 미국의 지지자로 만들기 위해서였어. 전쟁 후 약 8년 동안 우리나라는 약 21억 달러의 원조를 받았단다.

우리나라가 매우 빠른 속도로 경제 발전을 한 건 1960년대부터였어. '한강의 기적', '아시아의 용'이라고 외국인들이 칭찬을 할 정도였단다. 그 발전을 앞장서서 이끈 것은 군인 출

구호물자 배급
6·25 전쟁 후 미국은 쌀뿐만 아니라 보리, 밀, 밀가루, 옥수수 등 여러 가지 곡물을 원조했어. 특히 밀이 많았지.

경제 성장의 빛과 그늘

신 정치가들이었어. 선두에 선 것이 박정희 대통령이었지.

육군 소장이었던 박정희는 1961년 군인들을 이끌고 군사 정변을 일으켜 대통령이 된 다음, 군대식으로 나라를 다스렸어. 경제 개발

❗ 미국의 농산물 원조가 낳은 음식, 자장면

자장면은 중국 음식의 대명사이지만 정작 중국에는 우리가 먹는 것과 똑같은 자장면이 없단다. 자장면은 한국에서 태어난 음식이야. 자장면이 태어나게 된 데는 특별한 사정이 있어. 중국 음식이 우리나라에 처음 들어온 건 1882년 임오군란 때란다. 청나라 군인들이 들어오면서 중국 상인들이 따라 들어와서는 중국 음식을 처음 소개했지. 그런데 해방 후, 정부는 우리나라에 와 있던 중국 상인들의 무역을 금지시켰어. 무역을 못하게 된 중국 상인들은 다른 일거리를 찾다가 음식점을 차렸어. 그리고 한국인의 입맛에 맞는 중국 음식을 개발했단다. 한국에서 많이 나는 당근, 양파 같은 재료를 사용하고, 때마침 쏟아져 나온 값싼 밀가루로 면을 만들어서, 춘장을 묽게 한 소스를 얹었어. 그게 바로 자장면이야. 그런데 그때 값싼 밀가루가 쏟아져 나올 수 있었던 것은 미국의 원조 때문이었어. 미국이 주는 원조품 가운데는 밀이 가장 많았거든. 그래서 밀가루 값이 아주 쌌단다. 만약에 밀가루 값이 비쌌더라면? 자장면은 그렇게 널리 퍼지지 못했을 거야. 자장면은 해방 후 미국의 농산물 원조가 낳은 음식이었어.

밀가루 '미국 국민이 기증한 밀로 제분된 밀가루, 팔거나 다른 물건과 바꾸지 말 것'이라고 포대에 쓰여 있구나. —국립민속박물관

도 군대식으로 했지. 목표를 세워 놓고 '하면 된다.'는 구호를 외치며 끌고 나갔단다.

눈부신 성장

박정희 정부는 경제 개발 5개년 계획을 1차부터 4차까지 실시했어. 덕분에 경제는 놀랄 만큼 빠른 속도로 발전했지. 이를 '고도성장'이라고 해. 국민 소득은 껑충껑충 뛰어오르고 수출도 나날이 늘어 갔어. 1960년에는 3,300만 달러였던 수출이 1977년에는 100억 달러로 늘었단다. 공장에선 쉴 새 없이 물건을 만들어 내고, 서울에서 부산까지 고속도로가 만들어져서 며칠씩 걸리던 화물이 단 몇 시간 만에 경부 고속도로를 달려 서울에 도착하게 되었어. 경부 고속도로는 고도성장의 상징이었어.

또, 철강을 만들어 내는 제철소, 배 만드는 조선소, 자동차 공장들이 들어섰어. 해외로 나가 일한 사람도 많단다. 건설 기술자들은 멀리 중동 지방까지 가서 일했고, 광부와 간호사들은 독일에 가서 일했어.

서울엔 아파트라는 새로운 형태의 집이 들어서고, 서울 한복판을 흐르던 청계천은 콘

포니 자동차
1975년에 첫 선을 보인 포니 자동차는 최고의 인기를 누렸어. 엄마도 여러 번 타 보았지. 포니는 조랑말이라는 뜻이야.
−이일혁 소장

경부 고속도로 개통식
1970년 7월 7일 열린 경부 고속도로 개통식에서 박정희 대통령과 영부인 육영수 여사가 테이프를 끊고 있어.

크리트로 덮은 다음 그 위로 고가 도로를 내어 자동차가 씽씽 달리게 되었어.

농촌에서는 '새마을 운동'이 벌어졌어.

"새벽종이 울렸네 새 아침이 밝았네. 너도나도 일어나 새마을을 가꾸세. 살기 좋은 새마을 우리 힘으로 만드세."

엄마가 어렸을 때, 골목이나 길가에서 늘 들었던 '새마을 노래'야. 박정희 대통령이 직접 지었다는 이 노래는 농촌을 잘살게 하자는 새마을 운동의 주제가란다.

새마을 운동으로 농촌은 몰라보게 달라졌어. 초가집 지붕이 알

새마을 운동 표어와 잡지 《새마을》
새마을 운동은 농촌을 잘살게 하자는 운동이었어. 새마을 운동으로 농촌은 몰라보게 달라졌어. 하지만 문제점도 있었어. —국립민속박물관

록달록한 색깔의 슬레이트 지붕으로 바뀌고, 마을 안길이 넓어지고, 개천이 정비되었어. 하지만 문제점도 있었어. 농촌이 못사는 건 농민들의 소득이 낮기 때문인데, 새마을 운동은 낮은 소득을 높이는 것보다는 주로 농촌의 겉모양을 세련되게 바꾸는 데 초점이 맞춰졌거든. '통일벼'라는 새로운 종류의 벼를 심어서 쌀 생산량이 크게 늘어나기도 했어. 모두들 허리띠를 졸라매고 열심히 일했단다. '천천히, 차근차근'이 아니라 매사에 '빨리빨리'가 강조되었어. 우리나라 경제는 눈부시게 성장했단다.

아름다운 청년 전태일

짧은 기간에 그렇게 빠른 성장을 이루다 보니 희생자들이 생겼어. 가장 큰 희생자는 노동자들, 그중에서도 십 대 여성 노동자들이었어. 열댓 살도 채 안 된 소녀들이 하루 열두 시간씩, 혹은 밤샘을 밥 먹듯 하면서 공장에서 일하고는 쥐꼬리만 한 월급을 받았어. 나쁜 작업 환경 때문에 폐병이나 이름 모를 몹쓸 병에 걸려 죽어 가는 소녀들도 많았어. 이들은 계절이 바뀌는지, 해가 바뀌는지도 모르고 죽어라 일만 했단다. 혹시 〈사계〉라는 노래를 아니? 뭐, 너도 잘 아는 인기 가요라고? 원래 이 노래는 옷 만드는 공장에서 미싱(재봉틀)을 돌리며 하루 종일 일하는 어린 소녀들의 심정을 그린 노래란다.

> 빨간 꽃 노란 꽃 꽃밭 가득 피어도
>
> 하얀 나비 꽃나비 담장 위에 날아도
>
> 따스한 봄바람이 불고 또 불어도
>
> 미싱은 잘도 도네 돌아가네

그런데 나라 전체가 군대식으로 통제되고 있었기 때문에 노동자들은 어디다 하소연하거나 항의할 데조차 없었어. 그저 꾹 참고 견딜 수밖에. 그러다가 노동자들의 고통스러운 처지를 세상에 알린 사람이 나타났어. 바로 평화 시장 재단사 '전태일'이야.

봉제 공장에서 일하는 사람들
경제 개발 과정에서 여러 가지 문제가 생겼어. 문제의 핵심은 땀 흘린 대가가 공평하게 나눠지지 않는다는 거야. 가장 큰 희생자는 노동자들, 특히 십 대의 여성 노동자들이었어.

전태일이 일하는 서울 청계천의 평화 시장은 옷 만드는 공장들이 즐비한 곳이었어. 시골에서 돈 벌러 올라온 십 대 소녀들이 공장 다락방에서 먹고 자면서 휴일도 없이 밤낮으로 일하고 있었지. 햇볕 한 줌 안 드는 어두컴컴한 먼지투성이 작업장에서 제대로 먹지도 자지도 못하고 일만 하다가 폐병에 걸려 피를 토하고 죽어 가는 어린 소녀들이 얼마나 많았는지 몰라.

전태일은 옷감을 재단하는 재단사였기 때문에 그나마 월급이 좀 나았지만, 어린 소녀들은 한 달에 몇 천 원밖에 안 되는 월급을 받으며 혹사당하고 있었어. 그러다 병에 걸리면 직장에서 쫓겨나야 했지.

전태일은 우연히 '근로 기준법'이라는 법이 있다는 것을 알게 되었어. 그건 노동자들의 근로 조건에 대한 기준을 정하여 노동자의 기본 생활을 보장하는 법이었어. 그런 법이 있는 줄도 몰랐던 전태일은 반가운 마음에 근로 기준법 책을 구해 틈틈이 공부했어. 근로 기준법에는 하루 여덟 시간만 일하고, 휴일은 쉰다고 분명히 적혀 있었지.

전태일은 더도 말고 덜도 말고 근로 기준법대로만 하면 얼마나 좋을까 하고 생각했어. 그래서 평화 시장에서 일하는 재단사들을 모아 '바보회'라는 모임을 만들었단다. 전태일은 바보회를 이렇게 설명했어.

"우리가 여태껏 인간이면서도 인간답게 살지 못하고 기계 취급을 받아 왔기 때문에 우리는 바보다. 그러나 우리는 우리

근로 기준법

노동자의 기본 생활을 보장하고 향상시키며, 균형 있는 국민 경제 발전을 위해 노동자들의 근로 조건 기준을 정해 놓은 법이야. 1953년에 제정되어 여러 번 개정되면서 오늘에 이르고 있단다. 근로 기준법에는 근로 시간, 임금, 휴일과 휴가, 해고, 일하다가 다쳤을 때의 보상, 노동조합 등에 대한 내용이 들어 있어.

전태일의 진정서
전태일은 박정희 대통령에게 평화 시장 노동자들이 겪고 있는 어려움에 대해 호소하는 진정서를 보냈어.
―전태일기념사업회

의 처지를 철저히 깨닫고, 우리의 삶을 개척하면 이 바보 신세를 면할 수 있다……."

그런 다음 평화 시장 노동자들의 근로 조건에 대해 설문 조사를 했어. 조사에 응답한 사람 중 126명이 하루 14~16시간 일하고 있었고, 96명이 폐결핵을 비롯해 기관지 병을 앓고 있었으며, 102명이 위장병을 앓았단다. 침침한 전깃불 아래서 일하느라 눈병에 걸린 사람도 많았지. 전태일은 설문 조사 결과를 진정서로 만들어 노동청과 회사에 제출하면서 건의했어.

건의 사항은 이러했어. 작업 시간 줄이기, 건강 진단 실시, 임금 인상, 다락방 철거, 환풍기 설치, 전깃불 바꾸기, 생리 휴가 보장, 노동조합 결성 등. 너무나 당연한 내용들이었지만 회사는 아무런 반응을 보이지 않았단다. 노동청도 감감무소식이긴 마찬가지였어.

"이런 식으로 해서는 아무것도 안 된다. 근로 기준법 화형식을 해 버리자. 있으나 마나 한 법이니 우리 손으로 태워 버리는 거다!"

참다못한 전태일과 바보회 친구들은 이렇게 다짐했어. 그러고는 근로 기준법 화형식을 갖기로 했단다. 이때 전태일은 혼자 속으로 결심했어. 근로 기준법 화형식만으로는 안 된다고, 누군가 목숨을 내던져 희생하지 않으면 아무도 관심을 가져 주지 않을 것이며, 앞으로도 노동자들의 생활은 나아지지 않을 거라고.

우리는 기계가 아니다!

1970년 11월 12일 아침, 전태일은 그날따라 까만 작업복을 말끔하게 다려 입고 아끼던 구두까지 꺼내 신었어. 전태일의 집은 서울 북쪽을 감싸고 있는 도봉산 자락의 오래된 공동묘지 근처였는데, 가난한 사람들이 모여 사는 무허가 판잣집들이 다닥다닥 붙어 있는 곳이었지.

"오늘은 왜 이렇게…… 어디 좋은 데 가려고?"

어머니가 물었어. 전태일은 대답했단다.

"어머니, 시장 일이 아무래도……. 크게 한판 벌여야 하게 생겼어요."

"왜? 네가 안 하면 안 되니? 제발 서른 살 때까지라도 좀 참아라. 이 에미가 불쌍하지도 않냐?"

"13일 오후 1시에 은행 앞으로 나와 꼭 구경하세요. 어쩌면 아들 얼굴을 오랫동안 못 보게 될지 모르니까……."

"그건 또 무슨 소리냐?"

"그러고 나면 평화 시장 근로 조건 개선 운동은 어머니가 저 대신 좀 해 주세요."

그날 밤, 전태일은 집에 들어오지 않았어. 다음 날 오후 1시, 5백여 명의 평화 시장 노동자들이 은행 앞에 모여들었어. 노동자들이 내건 플래카드에는 이렇게 쓰여 있었단다.

"우리는 기계가 아니다!"

영화 〈아름다운 청년 전태일〉
전태일 이야기는 영화로도 만들어졌어. 그는 노동자들을 위해 자신을 희생했어. 그래서 '노동자의 벗'이라고 불린단다.

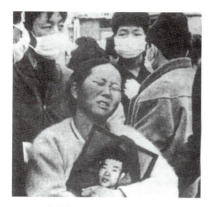

전태일의 장례식
아들의 사진을 끌어안고 어머니 이소선이 통곡하고 있구나.

그런데 경찰들이 몽둥이를 휘두르며 모여 있는 노동자들을 내쫓고 있을 때였어. 바로 옆 골목에서 온몸에 불이 붙은 채로 전태일이 뛰어나왔어. 전태일은 불타는 몸으로 외쳤단다.

"근로 기준법을 지켜라!"

"우리는 기계가 아니다! 일요일은 쉬게 하라!"

"노동자들을 혹사시키지 마라!"

전태일은 쓰러졌어. 누군가가 근로 기준법 책을 던지자, 전태일의 몸과 함께 불길 속으로 타 들어갔단다. 전태일은 다시 일어나 소리쳤어.

"내 죽음을 헛되이 하지 마라!"

나머지 말은 알아들을 수가 없었어. 구급차가 달려오고 숯덩이처럼 까맣게 탄 전태일의 몸은 차에 실렸단다.

"어머니, 내가 못 다 이룬 일, 어머니가 꼭 이루어 주십시오."

며칠 후 전태일은 숨을 거두었어. 그때 전태일은 스물두 살의 청년이었단다.

노동 운동의 신호탄

전태일의 마지막 외침, '내 죽음을 헛되이 하지 말라!' 는 외침은 평화 시장 노동자들뿐 아니라 우리나라 모든 노동자들의 가슴에 불을 붙였어. 그의 죽음이 있은 뒤, 노동자들이 노동조합을 만들어 근로 조건을 개선하고, 노동자들의 권리를 지키려는 노동 운동이 전국으로 퍼져 나갔단다. 전태일의 외침은 노동 운동의 신호탄이었어.

 지금은 크고 작은 공장과 회사마다 대부분 노동조합이 결성되어 노동자들의 권리를 지키는 파수꾼 노릇을 하고 있어. 근로 기준법도 전태일의 시대에 비하면 충실하게 지켜지고 있지. 이젠 노동자라 해서 하인처럼 함부로 부리거나 업신여기지 못해. 이 모두가 전태일이 시작한 일이란다.

 전태일의 짧은 일생은 책으로 쓰였고 영화로도 만들어졌어. 엄마가 대학생 때는 전태일에 관한 책을 갖고 있는 것조차 금지되었는데, 이제 영화로까지 상영되다니, 정말 세상이 달라졌다는 걸 느끼게 되는구나. 이 또한 전태일의 희생 덕분이 아니겠니.

 아까도 말했듯이, 한국의 노동자들이 지금처럼 자신의 권리를 당당히 외치게 된 건 10여 년 정도밖에 안 돼. 그리고 그 10여 년 동안 한국에는 이주 노동자들이 부쩍 늘어났어. 예전에 십 대 여성 노동자들이 했던 희생을 이제는 이주 노동자들이 하고 있단다. '개구리 올챙이 시절 모른다.'는 속담 알지? 이주 노동자들을 업신여기고 정당하게 대하지 않는 건 올챙이 시절 모르는 개구리나 하는 짓이야.

전태일 동상
전태일이 죽은 지 만 35년이 되는 2005년, 서울 청계천의 평화 시장에는 그의 동상이 세워졌어.

다문화 가정도 우리 이웃

국제결혼 부부의 합동 결혼식 집안 형편이 어려워 결혼식을 올리지 못했던 국제결혼 부부 아홉 쌍이 합동 결혼식을 하고 있어. 신부들은 중국, 베트남, 캄보디아 등에서 온 사람들이란다.

샤프라는 방글라데시 어린이야. 부모님과 함께 한국에 왔어. 샤프라의 부모님은 공장에 취직하여 일하고 있어. 초등학교 1학년 입학할 때 샤프라는 한국 말을 한마디도 못했어. 그렇지만 지금은 말도 잘하고 뭐든지 혼자 할 수 있단다. 샤프라의 꿈은 한국에서 계속 공부해서 선생님이 되는 거야.

샤프라가 제일 속상할 때는 가난한 나라에서 왔다고 친구들이 무시할 때야. 샤프라는 이렇게 말해.

이주 노동자들 현재 우리나라에 와서 일하고 있는 이주 노동자는 약 45만 명이야. 이들은 대개 남들이 하려 들지 않는 힘들고 위험한 분야에서 일하고 있어.

"오늘 우리 학교 친구 생일인데요, 그 애 엄마가 학교에 케이크 사 왔잖아요. 반 친구들 다 같이 나눠 먹으라고요. 그런데 친구가 나한테 물어봤어요. 방글라데시에도 케이크 있냐고요. 그리고 자동차도 있냐고요. 그래서 말했어요. 다 있다고요. 우리나라에도 한국에 있는 거 다 있다고요. 나는 한국 좋아하는데 친구들은 방글라데시 안 좋아하나 봐요."

그래도 샤프라는 다른 외국인 아이들보다 나아. 외국인 아이들 중에는 학교 갈 나이가 되었어도 못 가는 아이들이 있어. 이유는 부모가 미등록 이주 노동자이기 때문이야. 흔히 불법 체류자라고 하지. 그게 뭐냐고? 비자 만료 기간이 지난 외국인을 말해. 그중에는 한국보다 가난한 나라에서 돈 벌러 온 사람들이 많아. 2003년부터 불법 체류자 가정의 어린이도 초등학교에 입학할 수 있도록 법으로 허용되었지만 실제로는 어려운 집안 형편 때문에, 또 적응하기 어려워서 학교에 못 다니는 어린이들이 있단다.

현재 우리나라에서 살고 있는 외국인의 수는 약 백만 명이야. 그리고 한 해에 결혼하는 부부 중 열에 한두 쌍은 국제결혼이지. 따라서 외국인과 더불어 사는 것은 이제 낯설거나 이상한 것이 아니라 자연스런 일이 되었어. 길거리나 지하철에서 외국인과 마주치고, 서울의 이태원에 가면 세계 각국의 음식점이 즐비하고, 경기도 안산의 '국경 없는 마을'에는 한국에 돈 벌러 온 사람들이 모여 살고 있고, 시골 마을에서는 베트남 새댁, 우즈베키스탄 새댁을 만날 수 있어. 한국인 아빠와 다른 나라 출신 엄마, 또는 한국인 엄마와 다른 나라 출신 아빠를 둔 아이가 자꾸 많아지겠지?

이제 외국인은 우리와 함께 어울려 살아야 할 존재가 되었어. 이러한 변화된 사회를 가리켜 다문화 사회라고 해. 그리고 국제결혼을 한 가정은 한국 문화와 외국 문화가 함께 공존하는 다문화 가정이라고 해. 피부색이 다르다고 은근히 무시하거나, 우리보다 가난한 나라에서 왔다고 깔보면 곤란해. 우리가 우리보다 잘사는 나라에 갔을 때 그런 대우를 받으면 기분이 어떻겠니? 우리와 다른 사람들을 있는 그대로 대우할 줄 알아야 다문화 사회의 주인이 될 자격이 있단다.

다문화 가정의 아이들 다른 나라 출신 엄마나 아빠를 둔 다문화 가정 아이들은 갈수록 많아질 거야. 2008년 현재 초·중·고등학교에 다니는 다문화 가정 어린이는 모두 1만 8천778명이야. 그중 초등학생은 1만 5천804명이란다. 그리고 0~6세까지의 다문화 가정 어린이는 3만 명이 넘어.

민주주의를 위하여 1987년

"부정 선거 다시 하라!"
"이승만은 물러가라!"
"1인 독재 물러가라!"
"탕! 탕! 탕!"
경찰은 마구 총을 쏘았지만 시위대는 물러서지 않았어.
죽음을 각오하고 시위를 계속했단다.
독재를 무너뜨리고 자유와 민주주의를 바로 세우기 위해서였어.
이날, 경찰의 총에 맞아 죽은 사람은 약 2백 명, 부상자는 약 6천 명이었어.
시위는 다음 날에도, 또 다음 날에도 계속되었어.

1943년
일제 시대
조선 총독부, 강제 징용 · 징병 실시

1945년
미 군정
8 · 15 해방

1948년
미 군정
김구, 38선을 넘어 북한 방문
(평양에서 성명서 발표)

1950년
대한민국
6 · 25 전쟁 일어남

"세운아, 민주주의가 뭐라고 생각하니?"

"음…… 자유로운 것?"

"그럼 자유란 뭘까?"

"마음대로 할 수 있는 거…… 너무 어려워!"

민주주의는 국민이 주인이며, 국민을 위한 정치를 하는 것을 말한단다.

한 사람 또는 몇 사람이 주인이 되어 마음대로 하는 것이 아니라,

모든 국민이 주인이 되어 국민의 뜻과 소망에 따라 하는 정치를 말해.

우리나라에서 민주주의가 시작된 건 70년도 채 안 됐어.

그러다 보니 아직 부족한 부분이 많단다.

또, 지금 우리가 누리고 있는 민주주의는 그냥 얻어진 것이 아니라

많은 사람들의 노력과 희생에 의해서 이루어진 거야.

오늘 엄마는 그 노력과 희생에 대해 얘기하고 싶구나.

우리나라에 민주주의의 싹이 터서 어떻게 실현되어 왔는지 말야.

그건 4 · 19 혁명에서 시작해 광주 민주화 운동, 6월 민주 항쟁에 이르는 얘기란다.

세운이에게 이 얘기를 꼭 들려주고 싶은 건 너와 네 친구들이

민주주의가 활짝 꽃핀 세상에서 자유롭고 평화롭게 살기를 바라기 때문이야.

1970년
대한민국
전태일, 분신

1987년
대한민국 6월 민주 항쟁

2000년
대한민국
북한에서 남북 정상이 만남

● 전쟁의 상처가 웬만큼 아문 1960년 3월 15일, 4대 대통령 선거가 치러졌어. 선거 결과 대통령에 자유당의 이승만, 부통령에도 자유당의 이기붕이 당선되었단다. 이승만은 대통령에 네 번째 당선된 것이었어. 이승만은 초대 대통령이 된 뒤로 무려 12년 동안 계속 대통령 노릇을 했단다.

왕조 시대도 아닌 민주주의 사회에서 한 사람이 이렇게 오랫동안 정권을 독차지하고 있으면 자연히 말썽이 생기게 마련이야. 그래서 민주주의 사회에서는 대통령의 임기를 정해 놓고 같은 사람이 여러 번 대통령이 되는 것을 법으로 금지하고 있어.

부정 선거와 이승만의 하야

이승만은 독재 정치를 했어. '독재'란 국민을 무시하고 혼자 마음대로 나라를 좌지우지하는 정치를

3·15 부정 선거 항의 시위
1960년 3월 15일 실시된 정, 부통령 선거는 최악의 부정 선거였어. 투표함 바꿔치기, 득표 수 바꿔치기, 대리 투표, 야당 측 참관인 쫓아내고 투표하기 등 온갖 부정한 방법이 총동원되었단다. 그 결과 이승만과 이기붕은 대통령과 부통령으로 당선되었어.

말해.

이승만 독재 정치 아래서 부정부패가 판을 치고 민심은 어지러워졌으며 경제는 위기를 맞고 있었어. 그런데 또 대통령에 당선되다니, 어찌 된 일일까? 그건 부정 선거를 했기 때문이었어.

3·15 선거는 최악의 부정 선거였어. 돈을 주고 표를 찍게 하거나, 세 명씩 조를 짜서 서로 감시하며 찍게 하거나, 이승만 지지표를 미리 투표함에 넣어 두는 등 온갖 부정이 저질러졌어. 대통령을 계속하고 싶은 이승만과 권력을 독차지하려는 자유당의 욕심이 빚어낸 부정 선거였지.

3·15 부정 선거는 그동안 쌓여 온 국민들의 분노를 폭발시켰어. 국민들은 부정 선거에 항의하는 시위를 벌였단다. 그 첫 신호탄이 경상남도 마산에서 올랐어.

"부정 선거 다시 하라!"

"민주주의를 살리자!"

경찰은 시위에 참여한 사람들에게 마구 총을 쏘았어. 그러고는 '공산당이 꾸민 짓'이라고 거짓 선전을 퍼뜨렸단다. 이날 사망 7명, 부상 73명이 발생했고 26명이 구속되었어.

그런데 약 한 달 뒤, 마산 앞바다에 한 소년의 시체가 떠올랐어. 한쪽 눈에 최루탄이 박힌 참혹한 시체였어. 그 소년은 마산 상업고등학교 학생 김주열. 지난 3월 15일 시위 때 행방불명되었던 학생이었어. 김주열은 경찰이 쏜 최루탄을 눈에 맞고 죽은 거야. 마산은 발칵 뒤집혔어. 시민과 학생들의 분노가 하늘을 찌를 듯했단다. 김주열의 소식은 곧 나라 전체로 퍼져 나갔어.

며칠 뒤인 4월 18일, 서울에서 고려 대학교 학생 3천여 명이 '마산 사건의 책임자를 처단하라!'면서 국회 의사당 앞에서 시위를 벌였어. 그런데 이들이 학교로 돌아가다가 깡패들의 습격을 받았단다. 깡패들이 이승만과 자유당 정치인들의 부탁을 받고 저지른 짓이었어.

부정 선거 다시 하라!

다음 날 4월 19일 화요일, 서울의 대학생, 중·고등학생, 시민 약 10만 명이 모여 시위를 벌였어.

"부정 선거 다시 하라!"
"이승만은 물러가라!"
"1인 독재 물러가라!"
"탕! 탕! 탕!"

경찰은 마구 총을 쏘았지만 시위대는 물러서지 않았어. 죽음을 각오하고 시위를 계속했단다. 독재를 무너뜨리고 자유와 민주주의를 바로 세우기 위해서

눈에 최루탄이 박힌 김주열의 시신
경찰이 쏜 최루탄이 김주열의 눈에 박혀 있구나. 김주열의 이 참혹한 죽음은 4·19 혁명의 불씨가 되었어.

초등학생들의 외침
"부모 형제들에게 총부리를 대지 말라." 심지어는 초등학생들까지 거리로 나와 소리 높이 외쳤단다.

였어. 이날, 경찰의 총에 맞아 죽은 사람은 약 2백 명, 부상자는 약 6천 명이었어. 시위는 다음 날에도, 또 다음 날에도 계속되었어. 일주일이 그렇게 흘렀단다. 보다 못한 전국의 대학 교수 4백여 명이 태극기를 앞세우고 시가행진을 벌였어.

"학생들의 피에 보답하라!"

이제 교수들까지 나서자 힘을 얻은 시민들은 다음 날 다시 시위를 벌였어. 4월의 서울은 뜨겁게 달아올랐단다. 마침내 이승만 대통령은 4월 26일 오후 1시, 대통령에서 물러나겠다고 발표했어.

"나 이승만은…… 대통령직을 사임하고 물러앉아 국민의 한 사

4·19 혁명
"국민은 통곡한다!", "부정 선거 다시 하라!"
경찰이 총을 쏘며 막았지만 시민들은 멈추지 않았어.
결국 이승만 대통령이 물러나고 독재 정치는 막을 내렸지.

4·19 기념탑
4·19 혁명 때 숨진 희생자들이 묻혀 있는 곳이야. 곧게 치솟은 기념탑 뒤로 무덤이 늘어서 있단다. 초등학생, 중·고등학생의 무덤도 여럿 있어. 민주주의를 위해 얼마나 많은 사람들이 목숨을 바쳤는지 무덤은 침묵으로 웅변해 준단다.

람으로서 나의 여생을 국가와 민족을 위해 바치고자 하는 바이다."

12년에 걸친 독재 정치가 드디어 막을 내린 거야. 이것을 '4·19 혁명'이라고 한단다. 4·19 혁명은 그동안 억눌려 왔던 민주주의에 대한 열렬한 소망이 터져 나온 것이었어. 또, 아시아에서 최초로 국민의 힘으로 독재 정치를 무너뜨린 사건이기도 했지.

4·19 혁명은 겉으로는 이승만 독재 정치에 대한 저항이었지만, 그 안에는 민주주의, 외세에 대한 자주와 자립, 그리고 민족 통일을 바라는 소망이 녹아 있었어. 그러나 4·19 혁명이 터뜨린 '민주, 자주, 통일'에 대한 소망은 금방 실현되지 못했단다. 훨씬 더 많은 시간과 노력이 필요했던 거야.

❗ 여중생의 마지막 편지

"시간이 없는 관계로 어머님, 뵙지 못하고 떠납니다. 어머니, 데모에 나간 저를 책하지 마시옵소서. 우리들이 아니면 누가 데모를 하겠습니까? 저는 아직 철이 없는 줄 압니다. 그러나 국가와 민족을 위하는 길이 어떠하다는 것은 알고 있습니다……. 어머님, 저를 사랑하시는 마음으로 무척 비통하게 생각하시겠지만, 겨레의 앞날과 민족의 광복을 위해 기뻐해 주세요……."

당시 한성 여자 중학교 2학년이던 진영숙은 이 편지를 남기고 시위에 참여했다가 그만 목숨을 잃었어. 4·19 혁명에는 초등학생, 중·고등학생들도 많이 참여했단다. 여학생들도 아주 많았지.

어두운 시절, '유신 시대'

4·19 혁명으로 독재 정치를 무너뜨렸건만 얼마 후 우리나라는 또다시 독재 정치를 맞게 되었어. 5·16 군사 정변을 일으켜 대통령이 된 박정희가 그 주인공이었단다. 박정희는 우리나라의 경제를 발전시키는 데 큰 역할을 했지만, 민주주의 발전에는 나쁜 영향을 미쳤어.

박정희는 17년 동안 대통령 자리에 있었어. 이승만보다도 더 오래 대통령 노릇을

5·16 군사 정변
4·19 혁명 다음 해인 1961년 5월 16일 새벽, 육군 소장 박정희는 군대를 이끌고 중앙청과 방송국을 점령했어. 가운데 검은 안경 쓴 사람이 박정희란다. 그리고 박정희는 대통령이 되었지.

한 거야. 세운이가 들으면 어처구니없겠지만, 엄마는 어렸을 때 세상에 대통령은 오직 한 사람뿐인 줄만 알았어. 그도 그럴 수밖에 없는 것이, 엄마가 태어나서부터 고등학교를 졸업할 때까지 대통령은 줄곧 박정희 한 사람이었거든. 그게 잘못된 것이라는 사실을 깨달은 건 대학생이 되어서였단다.

유신 헌법 공포식
1972년 12월 27일 중앙청에서 새로 만든 유신 헌법 공포식이 열렸어.

박정희는 헌법을 마음대로 고치면서 독재를 했어. 그의 독재 정치는 '유신 체제'라고 불리고, 그가 다스린 시대는 '유신 시대'라고 불린단다. 그건 박정희가 자신이 뜯어고친 헌법을 '유신 헌법'이라고 이름 붙였기 때문이야. '유신'이란 '새롭게 한다.'는 뜻의 한자 말이지. 유신 시대는 정부에 대한 어떤 비판도 금지된 시대였어. 그럼에도 불구하고 비판을 한 사람은 붙잡혀 감옥에 가야 했단다.

* 維 벼리 유
　 新 새 신

그러나 박정희의 독재도 막을 내릴 때가 되었어. 그건 1979년 10월 26일에 일어난 사건 때문이란다. 그날 저녁 7시 35분경, 청와대가 있는 서울 궁정동의 한 밀실에서 갑자기 총소리가 울렸어. 대통령 박정희, 경호실장 차지철, 비서실장 김계원, 중앙 정보 부장 김재규 등이 모인 저녁 만찬 자리에서 김재규가 차지철과 박정희를 총으로 쏘아 그 자리에서 죽게 한 거야. 이 사건을 '10·26 사건'이라고 해. 박정희는 자기가 아끼던 부하의 총에 맞아 죽은 거야.

유신 시대

1972년 10월, 박정희 대통령은 계엄령을 선포하고 새 헌법을 만들겠다고 했어. 이 사건을 '10월 유신'이라고 해. 새 헌법인 유신 헌법의 핵심은 대통령을 국민이 직접 뽑지 않고 통일 주체 국민 회의라는 것을 통해 뽑으며, 또 대통령의 권한을 아주 크게 늘린 점이야. 유신 헌법은 민주주의를 후퇴시켰어.

군인들의 진압
시위를 진압했던 군인들은 보통 군인들이 아니라 특수 부대인 공수 부대원들이었어. 이들의 진압은 말도 못하게 잔인했어. 시위와 아무 상관없는 사람들까지도 군인들의 총과 칼에 죽고 다쳤단다.

잔혹한 진압, 싸우는 시민군

　박정희 대통령이 사망하자, 그동안 유신 체제 아래서 독재 반대를 외치며 민주화 운동을 해 온 사람들은 민주주의를 위해 활발한 활동을 펴기 시작했어. 사회 곳곳에서 민주화에 대한 열망이 솟구쳤단다. 군대식 제도가 사라지고 군대식 사고방식이 무너졌어. 오랜만에 민주주의가 꽃피려나 보다고 사람들은 희망에 부풀었단다.

　그러나 민주주의는 그리 쉽게 얻을 수 있는 열매가 아니었어. 군인들이 다시 정권을 잡은 거야. 앞장선 사람은 바로 전두환이었지. 그러자 전국에서 반대 시위가 일어나고 민주화를 요구하는 외침이 더욱 높아졌어.

광주 민주화 운동 희생자 묘역
광주광역시 망월동에 있어. 광주 민주화 운동 때 죽거나 다친 사람들의 숫자는 지금도 정확히 알지 못해.

 1980년 5월의 봄날, 서울역 광장에는 10만 명이 넘는 학생, 시민들이 모여 민주화를 외쳤단다. '서울의 봄'은 한여름 태양만큼이나 뜨거운 열기로 넘쳤어.

 5월 18일, 전라남도 광주에서 민주화를 요구하는 시위가 일어났어. 그런데 군인들이 나타나 시위에 참여한 시민들을 무참히 진압했단다. 임신 8개월 된 한 주부는 길에서 남편을 기다리다가 군인들이 쏜 총에 머리를 맞고 그 자리에서 죽고 말았어. 개천가에서 친구들과 놀던 어린이들까지도 무차별 사격에 목숨을 잃었단다. 얼마나 많은 사람들이 이렇게 어처구니없이 죽었는지 몰라. 노인들은 '6·25 때도 이러진 않았다.'면서 분노했어.

 분노한 광주 시민들이 일제히 들고일어났단다. 중·고등학생부터 노인에 이르기까지 모두들 광주를 지키고 민주주의를 지키자고 외쳤어. 광주 시민들은 자발적으로 시민군이 되어 싸움에 나섰어. 싸움은 5월 18일부터 27일까지 9일 동안 계속되었단다.

5·18 증언

〈동아일보〉 기자 김영택의 증언이야. "거리에 나와 있는 사람은 모두 체포하라는 지휘관의 명령이 떨어지기가 무섭게 공수 대원들이 총에 칼을 꽂고 시민들을 향해 돌진했어요. 이들은 시민들을 무조건 때리고, 쓰러지면 개 끌듯이 끌고 가서 트럭에 실었습니다……. 신혼부부마저도 끌려와 군홧발로 짓밟히고 몽둥이로 얼굴을 얻어맞아 피투성이가 되었습니다."

그러나 광주 아닌 다른 곳에 사는 사람들은 그 9일 동안 광주에서 무슨 일이 벌어지고 있는지 전혀 알지 못했어. 신문과 텔레비전에서 날마다 '광주 사태'라고 하면서 보도하긴 했지만 그건 사실과는 딴판이었거든. '폭도들과 빨갱이들이 날뛰는 무법 천지 광주를 우리 용감한 군인들이 진압하고 있다.'는 투의 엉터리 보도였으니까.

광주에서 무슨 일이 벌어졌는지 정확한 진실을 밝히는 데는 무려 9년이란 세월이 걸렸어. 1989년, 국회 청문회에서 비로소 사건의 진실이 공식적으로 인정받게 되었단다. 그러나 광주 시민들의 삶과 행복을 무참히 짓밟은 책임자, 군인들에게 진압을 명령한 당사자들은 끝내 아무런 책임을 지지 않았어.

광주 민주화 운동 때 죽거나 다친 사람들의 숫자는 지금도 정확히 알지 못해. 몸의 상처뿐 아니라 충격으로 마음의 상처를 입고 정신 병원 신세를 지거나 정상적인 생활을 할 수 없게 되어 버린 사람들도 많단다.

대통령을 직접 뽑자!

민주주의를 위한 횃불은 1987년 6월에 다시 한 번 타올랐어. 왜냐고? 전두환 대통령에 뒤이어 역시 군인 출신인 노태우가 대통령 후보로 나섰기 때문이야. 그런데 당시 대통령 선거는 국민들이 직접 투표해서 뽑는 직접 선거가 아니라 간접 선거였어. 말도 안 된다고 세운이 펄쩍 뛰겠지만, 당시엔 그랬단다. 대통령 선거인단이라는 것을 구성해 선거인단에서 대통령을 뽑는 거야. 이런 식의 간접 선거는 박정희의 유신 헌법 때부터 시작되었어.

유신 헌법에서는 지금처럼 여러 대통령 후보자들을 놓고 그중 한 사람을 뽑는 것이 아니라, 한 사람의 후보자를 놓고 통일 주체 국민 회의에서 찬반 투표를 하여 결정하게 했어. 박정희는 총 2천359표 중 무효표 2표를 뺀 2천357표 찬성이라는 신기록을 세우면서 대통령에 네 번째로 당선되었지. 박정희, 전두환에 이어 노태우까지 간접 선거로 대통령에 당선된다면 우리 국민은 군대의 힘으로 정권을 잡은 군인들에게 30년간이나 통치를 받는 셈이었어. 그러자 국민들은 독재에 신물이 났단다.

1987년 6월 10일경부터 시민, 학생, 노동자들은 길거리로 뛰쳐나와 '독재 타도!'를 외쳤어. 넥타이를 맨 말쑥한 회사원, 장바구니를 들고 나온 아주머니까지 '독재 타도!'를 외쳤지. 서울의 종로 거리는 매일이다시피 민주주의를 바라는 외침으로 뒤덮이곤 했어. 이것을 '6월 민주 항쟁'이라고 해.

6월 민주 항쟁
6월 민주 항쟁으로 국민이 직접 대통령을 뽑는 직접 선거가 부활되었어. 14년 만이었단다. 그 뒤로 지금까지 직접 선거로 대통령을 뽑고 있지. 사진은 6월 민주 항쟁에 불을 지핀 이한열의 장례 행렬이야. 연세 대학교 학생 이한열은 시위 중 최루탄 파편을 맞고 사망했고, 그의 죽음으로 6월 민주 항쟁은 한층 뜨겁게 타올랐어.

마침내 6월 29일 대통령 후보 노태우는 할 수 없이 헌법을 고쳐 대통령 선거를 직접선거로 바꾸겠다는 선언을 했단다. 이것을 '6·29 선언'이라고 해. 그 후 지금까지 국민이 직접 뽑는 직접 선거가 실시되고 있어.

자, 이렇게 4·19 혁명, 광주 민주화 운동, 6월 민주 항쟁을 거치며 우리나라의 민주주의는 조금씩 자라나 오늘에 이르게 되었어. 그동안 참 많은 사람들이 감옥에 가고 피와 눈물을 흘렸단다. 그러니 세운이 네가 자유롭고 행복하다고 느낄 때면 잊지 말고 기억해 주었으면 해. 민주주의를 위해 피땀 흘린 사람들을 말야.

오늘 엄마 얘기는 이쯤해서 멈추자꾸나. 들려줄 얘기가 많이 남아 있지만 차차 하기로 하고, 그 대신 엄마가 좋아하는 노래 하나 가르쳐 주마. 민주화 운동의 현장마다 힘차게 울려 퍼졌던 노래야. 먼저 부를 테니 따라해 보렴.

> 사랑도 명예도 이름도 남김없이
> 한평생 나가자던 뜨거운 맹세
> 동지는 간 데 없고 깃발만 나부껴
> 새날이 올 때까지 흔들리지 말자
> 세월은 흘러가도 산천은 안다
> 깨어나서 외치는 뜨거운 함성
> 앞서서 나가니 산 자여 따르라
> 앞서서 나가니 산 자여 따르라

월드컵과 민주주의

2002년 월드컵 월드컵 때 또 하나의 커다란 충격은 청소년과 젊은이들이 저마다 입고 나온 '빨간 셔츠'였어. '빨간색=빨갱이=북한 공산당'이라는 사고방식에 젖어 살아온 나이 든 어른들에게 시청 앞 광장을 가득 메운 빨간색 물결은 대단한 충격이었단다. '빨간색 공포(레드 콤플렉스)'가 단번에 무너져 내리는 순간이었어.

"짜짜~짜 짠짠, 대~한민국!
짜짜~짜 짠짠, 대~한민국!"
기억하지? 2002년 6월 월드컵 축구 대회 때의 뜨거운 열기 말야. 태극무늬로 보디 페인팅을 하고 빨간 셔츠에 빨간 머플러를 두른 채 한목소리로 외치던 "대~한민국!" 그때만큼 '대한민국'이란 이름을 많이 불러 본 적은 없을 거야. 시청 앞과 광화문 광장을 가득 메운 청소년과 젊은이들, 집집마다 음식점마다 텔레비전 앞에 모인 사람들은 나이와 성별을 잊고 한마음이 되었어. 무엇이 사람들을 그토록 열광하게 했을까? 단지 축구 때문이었을까? 아니었을 거야. 엄만 이런 생각이 들더구나. 우리나라 사람들에게는 깊이 억눌려 있는 바람이 있다고. 그 정체는 자유 또는 변화에 대한 목마름이라고. 그것이 월드컵이라는 기회를 만나 맘껏 터져 나온 거라고.

자유 또는 변화에 대한 목마름은 오래전부터 차곡차곡 쌓여 온 거야. 군인 출신 정치가들이 30년에 걸쳐 독재를 하면서 국민의 자유와 창의성은 크게 억눌렸어. 그래서 군인 출신이 아닌 김영삼이 1992년 대통령으로 당선되었을 때, '30년 만의 문민정부'라면서 국민들은 환영했단다. 이름이야 무엇이든 간에, 중요한 건 누구를 위한 정부이며 무엇을 위한 정부냐가 아니겠니? 우리의 민주주의는 걸음마를 막 뗀 수준이야. 이젠 쑥쑥 달려 봐야지. 세운이와 네 또래 친구들이 그 주인이 되겠구나.

통일을 위한 만남 2000년

2002년 부산 아시안 게임은 남한과 북한을 성큼 가까워지게 해 주었어.
북한 응원단과 남한 응원단은 열띤 응원을 펼쳤단다.
"우리는!"
남한 응원단이 외치면 북한 응원단이 응답했어.
"하나다!"
"조국!"
북한 응원단이 외치면 남한 응원단이 응답했단다.
"통일!"
남북한이 말 그대로 하나가 되었지.
응원석에서는 남한의 태극기와
북한의 인공기가 나란히 펄럭였어.

1943년
일제 시대
조선 총독부, 강제 징용 · 징병 실시

1945년
미 군정
8·15 해방

1948년
미 군정
김구, 38선을 넘어 북한 방문
(평양에서 성명서 발표)

1950년
대한민국
6·25 전쟁 일어남

"엄마, 나 그때 너무 떨렸어. 러시아 여행 가서 북한 사람들 만났을 때."

"용감하던데, 뭐. 악수까지 하고."

"그래야 되겠더라고. 언제 또 북한 사람을 그렇게 가까이서 만날 수 있겠어."

모스크바의 붉은 광장 입구에서 줄을 서서 기다리고 있을 때,

저만치 앞에 북한 사람들이 있는 걸 보고 세운이는 다가갔었지.

그리고 맨 앞에 서 있던 뚱뚱한 아저씨한테 인사를 하고는

손을 내밀어 악수를 청했어. 그 아저씨는 조금 당황한 것 같았지만

곧 커다란 손으로 세운이 손을 잡았어.

엄마한테 달려온 세운이는 가슴이 두근거린다면서 어쩔 줄 몰라했어.

그러고는 말했지.

"나 이담에 커서 꼭 통일을 이룰 거야. 통일하는 데 필요한 사람이 될래."

아마 러시아 여행에서 세운이 기억에 가장 남는 일이었을 거야.

평소엔 멀게만 느껴지고 어쩌면 조금은 무섭게도 생각되는 북한과 북한 사람.

하지만 외국에서 만나면 반가운 동포란다.

오늘은 북한과 북한에 살고 있는 사람들의 생활에 대해 알아보기로 하자.

1970년
대한민국
전태일, 분신

1987년
대한민국
6월 민주 항쟁

2000년
대한민국 북한에서 남북 정상이 만남

● 북한에 대해 궁금한 것이 참 많을 거야. 북한 어린이들은 무엇을 좋아할까? 친구들과는 무슨 얘기를 할까? 놀 땐 무엇을 하며 놀까? 간식으로는 무엇을 먹을까? 북한 어린이들도 우리처럼 가요를 들을까? 선생님하고 친할까? 그럼 부모님하고는 어떨까……? 끝이 없을 것 같구나.

 북한의 생활은 우리와 여러 면에서 달라. 남한과 북한이 갈라진 지 60여 년이란 시간이 흐르면서 많이 달라졌지. 그동안 남한과 북한은 각자 다른 길을 걸었어. 남한은 자본주의라는 길을, 북한은

서울과 평양
서울(왼쪽)과 평양(오른쪽)은 각각 남과 북의 수도야. 비슷한 점과 다른 점을 찾아 비교해 보렴.

사회주의라는 길을 걷지 않았니. 남한에는 미국 문화가 들어오고, 사람들의 생활은 미국식 제도와 사고방식, 습관에 큰 영향을 받았어. 북한에는 소련 문화가 들어오고, 소련식 제도와 사고방식, 습관에 큰 영향을 받았지.

그렇지만 남한과 북한이 똑같이 갖고 있는 것도 많아. 우리가 부르는 '아리랑'을 북한에서도 부르고, 우리가 명절로 지내는 설날과 추석을 북한에서도 명절로 지낸단다. 음식도 남북한 모두 '밥, 국, 김치'가 기본이야. 한복도 같지. 그리고 비록 사투리는 있지만 말도 통하지 않니. 또, 할머니 할아버지와 손녀 손자들이 가까운 것도 같고, 사람들이 노래와 춤을 좋아하는 것도 같단다.

북한의 어린이들

세운인 텔레비전에서 빨간 스카프를 맨 북한 어린이들을 자주 보았을 거야. 빨간 스카프에 블라우스와 조끼치마 차림은 교복이 아니라 소년 단복이란다. 북한의 어린이들은 인민학교 2학년부터 자동으로 조선 소년단에 들어가게 되거든. 소년단에서는 무엇을 할까? 우리의 스카우트나 아람단처럼 야영 생활도 하고, 단체 생활을 배운단다.

그런데 '인민학교'가 뭐냐고? 우리로 치면 초등학교란다. 남한 학생들은 유치원, 초등학교 6년, 중학교 3년, 고등학교 3년, 대학교 4년, 이렇게 공부하지 않니? 북한의 학생들은 유

북한의 명절

설날과 추석 외에 한식(음력 4월 6일)과 단오(음력 5월 5일)도 중요한 명절로 지내. 뭐니 뭐니 해도 가장 큰 명절은 김일성의 생일인 4월 15일이야. 이날을 북한에서는 '태양절'이라고 부른단다. 광복절도 '해방 기념일'이라 하여 공휴일이야. 최근에는 개천절도 기념한다고 해. 개천절은 남한과 똑같이 10월 3일이란다.

치원 2년(낮은 반 1년, 높은 반 1년), 인민학교 4년, 고등중학교 6년(중등반 4년, 고등반 2년), 대학교 4년을 공부한단다.

　북한의 고등중학교는 우리와 다른 점이 있어. 6년 동안 내리 같은 반에 같은 담임 선생님 밑에서 공부한단다. 우리는 매년 반이 바뀌고 친구들과 담임 선생님도 바뀌는데……. 6년 동안 같은 친구들, 같은 담임 선생님과 지내면 어떨까? 서로를 아주 잘 알게 된다는 장점도 있겠지만 한편으론 좀 지루하지 않을까? 왕따들은 곤란할 텐데…….

　아 참, 북한에도 왕따가 있을까? 있단다. 북한에서는 왕따를 '모서리'라고 해. '구석으로 몰린다'는 뜻에서 그렇게 부른다는구나. 잘난 체하는 아이, 지저분한 아이, 나쁜 버릇으로 남을 괴롭히는 아이들이 '모서리'를 당한단다.

　북한 어린이들도 컴퓨터 게임을 할까? 북한에서는 컴퓨터가 매우 비싸고 귀한 물건이라 집집마다 갖추지 못하고 있기 때문에 집에서 매일 컴퓨터 게임을 할 수는 없어. 그러나 컴퓨터 도사들은 많단다. 인민학교 졸업생 중에서 컴퓨터에 소질 있는 학생들을 뽑아 평양에 있는 만경대 학생소년궁전, 평양 학생

소년단 어린이들
빨간 스카프는 소년단의 상징이야. 소년단은 1946년에 처음 생겼어. 북한에서는 인민학교 2학년 때 소년단에 들어가고, 고등중학교 4학년이 되면 청년동맹(사회주의 청년 동맹)에 들어간단다.

북한 학생들의 외국어 수업
어학 실습실에서 영어 수업을 하고 있어. 북한 학생들도 외국어 공부를 매우 중요하게 생각해.

소년궁전, 금성 고등중학교의 컴퓨터 수재 양성반 같은 데서 특별히 공부시키거든. 이들은 프로그램 연구와 개발에 몰두하고 있어. 세운이가 게임만 좋아하다 보면 이들한테 곧 뒤질지도 몰라.

만화 영화와 '인기 가요 10'

그럼 북한에도 만화 영화가 있을

북한의 만화 영화
북한의 조선 과학 교육 영화 촬영소에서 만든 만화 영화 〈호랑이를 이긴 고슴도치〉야. 어린이들에게 인기 있는 이 만화 영화는 조그만 고슴도치가 백수의 왕인 호랑이를 혼내 준다는 내용인데 어린이들에게 인기가 좋다는구나.

까? 물론이야. 우리 어린이들은 〈개구리 중사 케로로〉, 〈명탐정 코난〉 같은 외국 만화 영화를 많이 보지만, 북한에서는 직접 만든 만화 영화를 주로 본단다. 세운이는 저번에 학교에서 임진각으로 견학 갔을 때, 거기서 상영 중인 북한 만화 영화를 보았다고 했지? 직접 봐서 알겠지만 북한 만화 영화는 수준이 상당히 높단다.

북한에서는 만화 영화를 '아동 영화'라고 해. 고구려 시대를 무대로 용감한 소년 장수 쇠메가 활약하는 〈소년 장수〉, 귀여운 너구리와 동물 친구들이 등장하는 〈영리한 너구리〉, 〈호동 왕자와 낙랑 공주〉 등이 북한에서 인기 있는 만화 영화란다.

북한에서도 연예인이 대인기야. 연예인은 청소년들의 우상이지. 북한의 인기 연예인은 '인민배우'나 '공훈배우' 칭호를 받은 사람들이야. 이들은 영화, 혁명가극에서 연기와 노래 솜씨를 인정받은 사람들이지. 〈휘파람〉이라는 노래를 아니? 북한의 인기 가요인데 그 노래를 부른 가수 전혜영, 혁명가극 〈피바다〉의 여주인공 조청미 등이 인기 연예인이란다. 혁명가극은 서양의 오페라 비슷한 것인데, 북한에서는 영화 못지않게 혁명가극을 중요하게 여겨.

북한에서도 인기 가요 베스트를 뽑을까? 2001년 북한 신문 〈민주조선〉은 10년 동안 인기를 끈 '인기 가요 10'을 발표했단다. 〈휘파람〉, 〈우등불〉, 〈내 이름 묻지 마세요〉, 〈통일아리랑〉, 〈처녀 시절 꽃 시절〉 등이 뽑혔어.

북한 영화

북한 사람들은 영화를 퍽 좋아한단다. 나라에서도 영화를 매우 장려해. 그건 영화야말로 사람들의 마음을 가장 효과적으로 사로잡는 방법이라고 여기기 때문이야. 나라에서 의무적으로 보라고 권하는 영화도 있어. 김일성의 일생을 그린 〈조선의 별〉, 〈민족의 운명〉 같은 영화가 그래. 북한 영화 〈불가사리〉는 남한의 극장에서 상영되기도 했어.

인민 체육인 계순희
1996년 애틀랜타 올림픽 대회에서 유도 금메달을 땄어.

나라를 빛낸 체육인들은 '인민 체육인'이라는 칭호를 받아. 1996년 애틀랜타 올림픽 여자 유도에서 금메달을 딴 유도 선수 계순희를 알지? 그가 바로 '인민 체육인'이란다.

왜 '통일'을 해야 할까?

엄마가 만나 본 우리 어린이들 중에는 통일이 정말 꼭 필요한지 잘 모르겠다고 말하는 친구들이 뜻밖에 많더구나. 세운이 친구들 중에도 통일을 꼭 해야 하나 하고 생각하는 친구가 있을 거야. 이대로 살아도 별 문제 없는데 왜 통일을 해야 하는지 이유를 잘 모르겠다면서 말야. 통일에 반대하는 친구도 있겠지. 통일이 되면 우리가 북한을 먹여 살려야 한다는데 그럼 우리만 더 힘든 것 아니냐면서 말야.

통일이 되면 좋은 점이 무얼까? 통일이 되면 지금처럼 남북이 갈라져 있기 때문에 생기는 여러 가지 문제들이 풀리게 된단다. 지금처럼 남북이 갈라져 있는 상태를 '분단'이라고 해. 분단은 남한과 북한 모두에게 바람직하지 않단다. 분단 상태를 유지하기 위해 군사비를 비롯해서 어마어마한 돈이 들기 때문이야.

분단 상태가 사라지고 통일이 되면 우선 군사비가 훨씬 줄어들게 돼. 그럼 남는 돈을 경제 발전이나 국민 생활 발전, 복지를 위해 쓸 수 있지. 실업자들, 버림받은 노인들, 소년 소녀 가장들도 도울 수 있고, 정년 퇴직 후 생활 걱정을 안 해도 돼. 남자들은 한창 공

*分 나눌 분
斷 끊을 단

부하고 일할 나이에 의무적으로 군대에 가지 않아도 되고.

지금 남북한은 잠시 전쟁을 멈춘 상태라고 했지? 언제 다시 전쟁이 터질지 모른다는 뜻이야. 그러나 통일이 되면 전쟁의 공포와 위협이 사라지지. 뿐만 아니라 헤어진 이산가족들도 만나 오순도순 살 수 있어. 무엇보다, 남한과 북한이 힘을 합치면 세계 어느 나라 부럽지 않게 잘살 수 있어. 남한에는 기술과 돈이 많고, 북한에는 자원과 노동력이 많으니까 말야. 이대로 사는 것보다 통일이 되면 훨씬 잘살 수 있는 거야.

그런데 세운이 친구 말마따나 통일이 되면 정말 우리가 북한을 먹여 살려야 할까? 이 얘기를 하려면 먼저 어떤 방식으로 통일을 할 것인가부터 생각해 봐야 한단다. 우리가 북한을 먹여 살려야 한다는 건 북한을 남한과 같이 완전히 뜯어고치는 방식으로 통일했을 때의 얘기야. 북한의 모든 제도를 남한처럼 바꾸고, 공장을 비롯해 산업 시설들을 새로 짓고, 북한 사람들의 사고방식을 남한 사람들처럼 뜯어고치고……. 이런 식으로 했을 때는 그렇단다. 이런 방식의 통일을 '흡수 통일'이라고 해. 한쪽이 다른 한쪽을 완전히 흡수한다는 뜻이지.

하지만 다른 방법도 있어. 한쪽이 다른 한쪽을 완전히 흡수하는

남북 이산가족 상봉
이산가족만큼 분단의 아픔을 절실하게 느끼는 사람도 없을 거야. 할머니 할아버지가 되어서야 겨우 만났지만 다시 헤어져야 하니 얼마나 마음이 아플까?

것이 아니라, 서로의 차이점을 인정하면서 장점을 살리고 단점을 버리는 거야. 그럼 우리가 북한을 먹여 살릴 필요가 없지 않니.

그리고 말인데, 북한이 처음부터 못사는 나라였던 건 아냐. 세운이가 들으면 깜짝 놀랄 일이지만 1960년대에는 북한이 우리보다

❗ 북한의 표준말 '문화어'

남한의 표준말은 서울 말이야. 북한의 표준말은 어디 말일까? 평양 말이란다. 그런데 북한에서는 표준말이라고 하지 않고 '문화어'라고 해. 북한에서는 '말 다듬기 사업'을 벌여 5만여 개의 말을 새로 만들었어. 외래어나 한자어보다는 고유어를 쓴단다. 유모차는 '애기차', 가발은 '덧머리', 합병증은 '따라난병', 주차장은 '차마당', 프라이팬은 '지짐판', 브래지어는 '가슴띠', 슬리퍼는 '끌신', 노크는 '손기척', 도넛은 '가락지빵', 터널은 '차굴', 투피스는 '동강옷', 비스킷은 '바삭과자' ······.

남북한 통일 사전 만들기 남한과 북한의 말은 시간이 갈수록 점점 달라지고 있어. 이를 극복하기 위해 남한과 북한의 언어학자들이 모여 통일 사전을 만들기로 했단다. 통일 사전의 이름은 《겨레말 큰 사전》으로 정했어. 사전은 2013년 완성될 예정이야.

숫자나 기호는 어떻게 읽을까? '302호'는 '삼백이호'라고 읽지 않고 '공(0)'을 넣어 '삼백공이호'라고 읽는단다. 그렇지만 '3002호'는 그대로 '삼천이호'라고 읽어. 7kg은 '일곱 킬로그램'이라고 읽지. 그럼 1kg은 어떻게 읽을까? '한 킬로그램'이라고 읽는단다.

고성 통일 전망대에서 바라본 북한
강원도 고성에 있는 통일 전망대에서는 북한 땅이 맨눈으로도 보여. 가까이 보이는 북한 땅만큼이나 통일이 가까워졌으면 좋겠구나.

잘살았단다. 북한은 6·25 전쟁이 끝난 뒤에 남한보다 먼저 경제를 일으켰어. 그럴 수 있었던 이유는 북한에는 지하자원이 풍부하고 기술을 갖춘 노동력이 많았기 때문이야.

1970년대부터 남한이 빠른 속도로 경제 발전을 이루면서 북한은 남한에 뒤떨어지게 되었어. 세운인 북한 하면 굶주리는 어린이들을 떠올릴지 몰라. 그러나 북한이 항상 굶주림에 빠져 있었던 건 아니란다. 1990년대에 들어 연달아 심한 가뭄과 홍수를 겪었기 때문에 식량이 모자라서 그렇게 되었어. 게다가 미국이 북한과 외국이 무역하는 것을 막는 봉쇄 정책을 썼기 때문에

개성 공단의 새벽
북한은 여러 지역에 경제 특별 구역을 만들고, 자본주의 경제를 받아들이면서 경제 발전에 노력하고 있어. 개성 공단도 그런 곳 가운데 하나야. 사진은 개성 공단을 건설할 때의 모습이야.

북한 경제는 더 어려워졌지.

지금 북한은 자본주의의 장점을 조금씩 받아들이면서 경제 발전을 위해 노력하고 있어. 나진 선봉 지구, 남포 특별 지구, 신의주 특별 지구, 개성 공단 등에서 자본주의식으로 공장과 회사들이 돌아가고 있단다.

남북이 하나되는 날까지

2002년 부산 아시안 게임은 남한과 북한을 성큼 가까워지게 해 주었어. 북한 응원단과 남한 응원단은 열띤 응원을 펼쳤단다.

"우리는!"

남한 응원단이 외치면 북한 응원단이 응답했어.

"하나다!"

"조국!"

북한 응원단이 외치면 남한 응원단이 응답했단다.

"통일!"

남북한이 말 그대로 하나가 되었지. 응원석에서는 남한의 태극기와 북한의 인공기가 나란히 펄럭였어. 북한의 인공기가 남한 하늘 아래 펄럭이다니, 그건 정말 놀라운 광경이었어. 엄마가 학교 다니던 시절 같으면 어림조차 없는 일이란다. 그만큼 남한과 북한은 서로 가까워진 거야.

외국 여행을 해 본 사람은 한번쯤 겪어 봤을 거야. '코리아(한국)'에서 왔다고 하면 외국인들이 꼭 묻지 않든. '사우스 코리아(남한)냐, 노스 코리아(북한)냐'고 말야. 외국인들에게 코리아는 언제나 둘로 갈라져 있는 나라야.

그런데 '사우스 코리아'도 아니고 '노스 코리아'도 아닌 그냥 '코리아'라는 이름으로 남북한이 하나가 된 적이 있어. 바로 1991년 일본에서 열린 41회 세계 탁구 선수권 대회였단다. 이때 남한과 북한은 처음으로 같은 팀이 되어 국제 대회에 나갔어. 그 결과 여자 단체전에서 세계 최강이라는 중국을 꺾고 멋지게 우승했지. 남북한이 단결하면 얼마나 놀라운 힘을 발휘할 수 있는지 새삼 깨닫게 해 주었어. 체육 경기뿐 아니라 다른 분야에서도 남북한이 손잡

부산 아시안 게임 응원단
남과 북이 함께 응원을 하고 있어.
한반도기를 앞세우고 아리랑을 부르며
남북이 하나 되어 응원을 했어.

함께 입장하는 남북한 선수단
2000년 9월 오스트레일리아에서 열린 시드니 올림픽에서 한반도기를 앞세운 남북한 선수단이 함께 입장하고 있어. 남북한 선수단이 하나가 되는 모습은 이제 흔히 볼 수 있단다. 스포츠뿐 아니라 다른 분야에서도 남북한이 손잡고 협력하면 놀라운 힘을 발휘할 수 있을 거야.

고 협력하면 놀라운 힘을 발휘할 수 있지 않겠니?

지난여름 러시아 여행길에서 북한 사람들을 만난 날, 세운이는 수첩에 이렇게 적었더구나.

"커다란 김일성 배지를 가슴에 단 아저씨의 손을 잡는 순간, '북한 사람의 손도 따뜻하구나.' 하는 생각이 들었다. 그 손을 놓았을 때 왠지 모를 아쉬움이 남았다. 통일은 꼭 되어야 한다. 북한의 자원과 우리의 기술을 합치면 좀 더 빠른 경제 발전이 있을 것 같다. 북한을 불쌍하게만 보면 그쪽에서도 기분 나쁠 것 같다. 남북한이 서로 좋은 점을 인정하고 단점을 고쳐 나가면서 협력하면 좋지 않을까? 유럽의 나라들은 국경을 넘어 자유롭게 오고 가고 한다는

비무장 지대
DMZ라고도 해. 6·25 전쟁 때 정전 협정을 맺으면서 휴전선을 기준으로 남북 각각 2킬로미터의 지역을 비무장 지대로 정해 놓았어. 그 후 약 60년 동안 사람이 드나들지 않았기 때문에 자연 그대로 남아 있어서, 세계의 자연 생태 연구가들의 주목을 끌고 있단다.

데, 우리도 유럽처럼 각자를 인정하면서 돕고 살고, 그렇게 통일이 되었으면 좋겠다."

그래, 세운이 생각대로 남과 북이 협력하면 잘살 수 있단다. 앞으로의 세상은 '남북 화해 시대'여야 해.

통일을 위하여

"북진 통일!"
"승공 통일!"
북한으로 진격하여 공산당과 싸워 이기고 통일을 이루자는 구호야. 엄마 어렸을 때 늘 듣던 구호란다. 그때는 통일 하면 당연히 북진 통일, 승공 통일이었어. 요즘은 어떻지? 전쟁을 하여 통일을 하자는 사람은 이젠 없어. 평화적인 방법으로 하는 평화 통일을

6·15 남북 공동 선언 2000년 6월에 남북 정상의 역사적 만남이 이루어졌어. 두 정상은 '6·15 남북 공동 선언'을 발표했단다.

원한단다. 전쟁은 아무런 이득이 되지 못한다는 사실을 잘 알고 있기 때문이야. 평화 통일을 위해 남한과 북한은 여러 가지 노력을 해 왔어. 그 첫걸음은 '7·4 남북 공동 성명'이었단다. 지금부터 약 40년 전인 1972년에 남한과 북한이 공동으로 발표했지. 7·4 남북 공동 성명은 외세의 간섭 없이 자주적으로, 그리고 평화적으로 통일을 이룰 것이며 서로 사상은 다를지라도 같은 민족으로서 하나가 되자는 내용을 담고 있어.

그 후 2000년 6월, 남한의 김대중 대통령과 북한의 김정일 국방위원장이 평양에서 만나 회담을 했어. 남한과 북한의 지도자가 만난 건 분단

된 지 55년 만에 처음이었어. 이때도 '남북 공동 선언'이 발표되었지. 남북 공동 선언에서는 자주적으로, 그리고 서로의 사상과 이념, 제도가 다른 것을 인정하고 존중하면서 통일을 이뤄 나가자고 했어. 그리고 이산가족들을 만나게 하고, 경제 분야를 비롯해 문화, 예술, 체육, 사회, 환경 등 여러 분야에서 협력과 만남을 갖기로 했단다.

그런데 중요한 건 선언이나 성명을 발표했다는 것이 아니야. 그 내용을 얼마나 잘 지키는가가 중요해. 아무리 훌륭한 선언을 했어도 지키지 않으면 아무 소용이 없지 않겠니?

6자 회담 통일을 이루기 위해서는 남북한 스스로의 노력뿐 아니라 주변 강대국들의 영향도 중요해. 사진은 남북한, 미국, 중국, 일본, 러시아의 6자 회담에 모인 각국 대표들의 모습이야. 이 나라들은 모두 한반도의 통일에 깊은 관련을 갖고 있어. 그런 점에서 통일은 국제적인 문제란다.

찾아보기

ㄱ

간도 학살 사건 088
간접 선거 268~269
갑신정변 037
강소천 107
강제 징용 179, 185
《개벽》 186
개성 공단 283, 284
거제도 포로수용소 236
건국 준비 위원회 200
《겨레말 큰 사전》 282
경복궁 020
경부 고속도로 245
경신 참변 088
경복궁 021
〈경성일보〉 049
경운궁 011
경제 개발 5개년 계획 245
계순희 279~280
고도성장 245
고성 통일 전망대 283
고종 011~014, 017, 024, 051, 066, 070, 218
공산주의 206, 236
공훈배우 279

곽종석 073
관동 대지진(관동 대진재) 110, 115~116
관동 대학살 116~119
광문사 040
광복군 OSS 158
광복군 사령부 088
광주 민주화 운동 267~270
광화문 021
국경 없는 마을 255
《국어문법》 040
《국어문전음학》 040
국제결혼 255
국제법 050, 052~053
국채 보상 운동 040~041
국치일 020
군대 해산(령) 017~018, 029
군무도독부군 084
군정 198
권동진 065
권중현 013, 019, 058
권태하 167
근로 기준법 249~253
근로 정신대 182
금 모으기 운동 041
길선주 065
김계원 265

김광제 040
김구 152~154, 157~159, 211, 214~222
김규식 174, 215
김대우 189, 190
김덕린 174
김두성 052
김백봉 172~173
김부식 136
김상렬 036
김소월(김정식) 110~111
김순덕 184
김아려 051
김염(김덕린) 174~175, 215
김영삼 271
김원봉 138
김월희 078
김은배 167
김일성 095
김재규 265
김정일 288
김좌진 083, 086~091
김주열 261
김준엽 159
김학순 183
김해중월 078
김활란 187

까레이스끼 125
《꿈하늘》 141
〈끌려감〉 184

ㄴ

나가사키 195, 199
나눔의 집 184
나라 빚 갚기 운동 041
나의 소원 221
나진 선봉 지구 284
나철(나인영) 058
남북 공동 선언 289
남북 기본 합의서 235
남북 화해 시대 287
남승룡 165~168
남일 234
남포 특별 지구 284
남한 대토벌 작전 031, 032
남화 연맹 151
낭가 사상 133
내선일체 187
냉전(시대) 204, 212, 227
넬리도프 024
노덕술 190
노동절 102
노동조합 249, 250, 253

노태우 269~270
늑약 011

ㄷ

다나카 180~181
다문화 가정 254
다문화 사회 255
단독 선거 212
단발령 029, 033
단장지통 091
단지 동맹 052~053
〈대동공보〉 039
〈대로〉 175
《대마도 일기》 033
대성 학교 038
대종교 058
대한독립군 083
〈대한매일신보〉 039~041
대한민국 216
대한제국 015~020, 029
대한제국군 017~019
덕수궁 011
데라우치 마사타케 021
도시락 폭탄 150
《도쿄작안의 진상》 155
〈독립〉 108

〈독립 선언서〉 066~070, 185
〈독립신문〉 040, 057
독립 운동 019, 043, 067, 076~077, 090
독립 협회 037, 218
독재 206, 259
돈의 학교 051
동북항일연군 095
《동사강목》 136~137
〈동아일보〉 166~167, 202~203, 267
《동양 평화론》 055~056, 059
동학 104
동학 농민 운동 031
〈들장미〉 175

ㄹ

러·일 전쟁 016~017, 055, 059
레니 리펜슈탈 164
루스벨트 202
뤼순(여순) 049
뤼순 감옥 050, 052, 139
리지웨이 232

ㅁ

마곡사 218
마레 당 207
마사코(이방자) 019
마학봉의 탄원 121
마해송 107
만국 평화 회의 024
만민공동회 037
〈매일신문〉 186
《매천야록》 060
맥아더 230~232
메이지 012
메이지 유신 012
명성 황후 029
명성 황후 시해 사건 218
모스크바 삼상 회의 201~204, 213
모택동 095
《몽실언니》 226
무상 원조 243~244
무솔리니 180, 197
무오 독립 선언 071
《무정》 186
무정부주의 동방 연맹 북경 회의 138
무정부주의(아나키즘) 151
문민정부 271
문월선 078
문일평 143
문향희 078
문화어 282
미 군정 200~201, 219
미주리 호 196
민갑완 019
민영기 013
민영환 061
민족 대표 33인 065~067
〈민족의 제전〉 164
민족 자결의 원칙 072
민족 개조론 186
민족주의 역사학 133, 143
민주주의 206, 266, 271
밀가루 244

ㅂ

바보회 249
바르셀로나 올림픽 168
박금향 079
박승환 018
박은식 142~143
박정희 244~246, 252, 265, 269
박제순 013, 014, 019, 058
박헌영 206~207
박흥식 190
박희도 065
반공 포로 236
〈반달〉 099
반도 소년군 100
반민 특위 190~191
반민족 행위 처벌법 190~191
발해ㆍ신라 양국 시대 133
방글라데시 254
방정환 099~109, 111
배재 학당 218
배정자 190
백관수 071
백범 기념관 156
《백범일지》 221
백야 089
백용성 065
백운평 전투 088
백정기 151
백정선(김구) 149
병합 조약 019~020
베델 039
베를린 장벽 205
베를린 올림픽 대회 163
보스턴 마라톤 대회 168

봉오동 전투 083~086, 120
부산 아시안 게임 284
〈북경일보〉 137
북로군정서 083, 086, 088, 090
북한 영화 279
분단 280
분단 국가 205
불교 소년회 100
불법 체류자 254
블라디보스토크 047, 051
비무장 지대(DMZ) 286

ㅅ

〈사계〉 247
4·3 항쟁 222~223
4·19 혁명 261~264, 270
사진 결혼 126
사진 신부 126~127
사쿠라다몬 의거 148
사탕수수 농장 126
사할린 124~125
사회주의 198, 206~207, 231, 276
산업 혁명 206
《삼국사기》 136
삼의사 묘 156

3·1 운동 068~077, 185
3·15 부정 선거 260
38선(삼팔선) 197~198, 211, 214~216
삼흥 학교 051
상하이 임시 정부 094, 143, 157, 158, 200
상하이 임시 정부 청사 077
상하이 훙커우 의거 150
새마을 운동 246
색동회 099, 100
서대문 독립 공원 077
서대문 형무소 077
서로군정서 083
서상돈 040
〈서시〉 188
〈서우〉 039
서울 275
서울의 봄 267
서윤복 165, 168
서춘 071
소년 운동 협회 100
소련(소비에트 사회주의 공화국 연방) 119~120, 207
소파(SOFA) 238~239
손기정 163~168, 172
손기정 투구 167

손병희 065, 067, 104
송계백 071
송길윤 168
수요 집회 184
순사 023
순종 017, 019, 191
시베리아 022, 047
10월 유신 265
식민 사관 132
식민 사학 132
식민지 교육 022
〈신가정〉 166
신낙균 166, 169
신돌석 034~037
신민부 090
신사 참배 187, 189
신성모 228
신의주 특별 지구 284
신채호 131~141, 142~143
신탁 통치 201~203
〈신한민보〉 039
13도 창의군 030, 036
10·26 사건 265

ㅇ

아나키즘 151

아동 103
안공근 157
안담살이(안규홍) 034
안두희 221
〈아름다운 청년 전태일〉 251
안무 084, 086
안사람 의병단 042
〈안사람 의병가〉 042~043
《안응칠 역사》 054
안재홍 143
안정복 136
안제승 172
안중근 011, 047~060
아즈마 087
안창호 038
안필승(안막) 169~170, 172
애국 계몽 운동 037, 039~040, 057
〈야초한화〉 139
얄타 회담 202
양기탁 041
양서봉(양세봉) 095
〈어른들께 드리는 글〉 109
〈어린 동무들에게〉 108
어린이 100, 103
《어린이》 107
어린이날 100~103
어린이 황국 신민의 서사 187

여순(뤼순) 049
여운형 200~201
여자 정신대 근무령 182~183
연해주 022, 118~120, 123, 207
연해주 강제 이주 090
연희 전문학교 188
영친왕 019
오기호(오혁) 058
오산 학교 038~039
오세창 065
5·10 선거 212, 216~217, 222
OSS(미국의 전략 정보기관) 158~159
5·16 군사 정변 264
5·18 증언 266
《오하기문》 060
옥채주 078
외교권 012
《용과 용의 대격전》 141
우덕순 049, 051
우익 204, 207
우즈베키스탄 121, 255
원자 폭탄 195~197, 199, 232
월드컵 축구 대회 271
위정척사 029
월슨 072
유관순 075~076

유동하 049, 051
유상근 153
유신 시대 265
유신 체제 265
유신 헌법 265, 268
유엔(국제 연합) 213
유엔 안전 보장 이사회 230
유엔 한국 임시 위원단 213
6월 민주 항쟁 269~270
6·29 선언 270
6·25 전쟁 236~238, 283
6·15 남북 공동 선언 288
유인석 034, 042
유자명 151
유홍석 042
6자 회담 289
윤극영 099
윤덕영 191
윤동주 188
윤봉길 150~157
윤석중 107
윤희순 042~043
을사 오적 058, 185
을사 오적 암살 결사대 058
을사늑약 011
을사조약 011~017, 024, 029, 033, 047, 051, 059, 061, 185

의병 029~037, 050
〈의병군가〉 043
의열단 138
이갑성 065
이강년 030, 034
이광수 137, 185~186, 188, 190
이근택 013, 019, 058
이기붕 259
이길용 166
이범석 083, 158
이범윤 052
이범진 025, 061
이봉창 147~150, 152~157
이산가족 235, 281, 289
이상범 166
이상설 024~025
이소선 252
이소응 034
이승만 138, 191, 211, 217~220, 222, 228, 259~263
이승훈 038, 065
이시이 바쿠 169
이완용 013, 019, 058, 061, 138, 141
이원수 107
이위종 024~025
이은 019

이인영 030~031, 034
이재명 058
이정자 199
이종근 071
이종형 190
이주 노동자 253, 254~255
이준 024~025
이준용 191
이중립 034
이지용 013, 019, 058
2차 세계 대전 158, 179~180, 185, 204~205, 212
2차 영·일 동맹 016
이청천(지청천) 095
이토 히로부미 011~015, 047~050, 053~056, 059, 190
2·8 독립 선언 071
이한열 269
이화림(이춘실) 094
이화 학당 075
이화 여전 187
이회영 151
인공기 284
인내천 사상 104
인민군 227~231
인민 체육인 279~280
인민배우(공훈배우) 279

인천 상륙 작전 231
《일목대왕의 철퇴》 141
일본 제국주의 020~021
1·4 후퇴 233
일장기 말소 사건 166
1차 세계 대전 072, 206
임병찬 033
임시 정부 수립안 202

ㅈ

자장면 244
자경단 116~118
자본주의 198, 204, 206, 236
자유당 259~260
자코뱅 당 207
작위 019
장인환 058
전두환 266, 269
전명운 058
《전성》 174
〈전시가〉 092
전체주의 206
전태일 247~253
전해산 034
정신대(근로 정신대) 182~183, 187

정인보 143
정전 회담 233
정전 협정 234, 286
정체성론 132
정화암 151
〈제국신문〉 039~040
제국주의 016~017
제암리 학살 사건 074
제주도 4·3 항쟁 222~223
조도선 049, 051
조선소년단 276
조선 민사령 187
조선 민주주의 인민 공화국 216
《조선사연구초》 140
《조선상고문화사》 140
《조선상고사》 131, 140
〈조선의 어머니〉 173
조선의용군 094~095
〈조선일보〉 041
〈조선중앙일보〉 166
조선 총독부 019~021, 039, 106
조선혁명군 095
〈조선혁명선언〉 138
조윤하 236
조풍연 102
종군 위안부 183~185
좌익 204, 207

주시경 039~040
주체사상 207
주한 미군 238
중명전 011
중앙청 231
〈중화보〉 137
지롱드 당 207
직접 선거 270
《진달래꽃》 110
진영숙 264
징병 182, 185, 187
징용 182

ㅊ

차지철 265
창씨개명 186~187
천도교 104
천도교 소년회 100
천장절 150
청산리 전투 083, 086~088
최남선 066, 185~187, 190
최린 065, 185, 190
최순애 107
최승희 169~173
최시형 104
최윤칠 168

최은희 041
최익현 033~034
최제우 104
최진동 084, 086, 088
최팔용 071
최홍식 153
충의사 036
친일파 185~186, 189~191, 204
7·4 남북 공동 성명 288

ㅋ

카를 마르크스 206
카쓰라 016
카쓰라·태프트 밀약 016
카자흐스탄 090, 121
카프 169
카프카스 인 121
코코프체프 047

ㅌ

타율성론 132
탑골 공원 067~069
태백산맥 035~036
태백산 호랑이 034, 036~037
태프트 016

태항산 094
태호 034
태화관 067
토마 051
토막민 106
토지 조사 사업 020~022
토지 조사령 020
통일벼 247
통일 주체 국민 회의 265, 269
트루먼 232

ㅍ

파리 평화 회의 073
8·15 해방 219
〈피바다〉 279
평양 275
평양 미림 비행장 179~180
평화 협정 235
프랑스 혁명 207

ㅎ

《하늘과 바람과 별과 시》 188
하얼빈 047
하와이 사탕수수 농장 126
하퍼 165

《한국독립운동지혈사》 142
《한국통사》 142~143
한강의 기적 243
한국광복군 095
한국독립당군 095
한규설 013, 019
한반도기 285~286
한용운 065
한인애국단 152~156
한일 병합 013, 020, 047, 059, 089, 119, 191
한일 병합 조약 018, 019
함기용 168
해리슨 234
해방 196, 198, 219
〈해조신문〉 039
《해주 윤씨 일생록》 043
허위 030, 034
헤이그 특사 017, 024~025, 051
혁명가극 279
현진건 166
홍범도 034, 052, 083~086, 089~091, 120
홍범도 칭송가 083
홍석구 054
황국신민의 서사 187~189
황민화 187

〈황성신문〉 057, 142
황영조 168
황제 013, 015
황현 060~061
효순이와 미선이 사건 238
효창 공원 056, 157
후온데스 024
홍커우 공원 150~151, 157
〈휘파람〉 279
휴전선 227, 286
흡수 통일 281
홍례문 021
히로시마 195, 199
히로히토 195
히틀러 163, 165, 180, 197, 206

사진과 그림 제공, 출처

사진

| 박물관 |

국립민속박물관—5·10 선거 포스터 212 | 밀가루 244 | 포니 자동차(이일혁 소장) 245 | 새마을 운동 표어와 잡지《새마을》246

삼성출판박물관—최남선과 친필 원고–친필 원고 186

| 언론사 |

동아일보—눈에 최루탄이 박힌 김주열의 시신 261

연합뉴스—시상대에 올라선 손기정과 남승룡 165 | 김백봉 173 | 4·3 맞이 거리굿 223 | 이산가족 찾기 235 | 추모비 239 | 유신 헌법 공포식 265 | 광주 민주화 운동 희생자 묘역 267 | 6월 민주 항쟁 269 | 서울과 평양 275 | 소년단 어린이들 277 | 북한 학생들의 외국어 수업 277 | 북한의 만화 영화 278 | 인민 체육인 계순희 279 | 남북 이산가족 상봉 281 | 남북한 통일 사전 만들기 282 | 고성 통일 전망대에서 바라본 북한 283 | 함께 입장하는 남북한 선수단 286 | 비무장 지대 286 | 6·15 남북 공동 선언 288 | 6자 회담 289

중앙일보—사할린에 살고 있는 한인들 124 | 돌아온 사람들 125 | 히로시마의 원폭 돔 199 | 독일의 베를린 장벽 205 | 효순이와 미선이를 추모하는 촛불 238 | 국제결혼 부부의 합동 결혼식, 이주 노동자 254 | 다문화 가정의 아이들 255 | 5·16 군사 정변 264 | 군인들의 진압 266 | 2002년 월드컵 271

| 단체와 개인 |

국채보상운동기념사업회—국채 보상 운동 여성 기념비 040

기획시대 영화사—영화〈아름다운 청년 전태일〉251

나눔의 집—〈끌려감〉184

도서출판 눈빛—사진 신부들 127

독립기념관—을사조약 전문 014 | 13도 창의군 031 | 의병에 참여한 사람들 032 | 신돌석 부대의 활약 035 | 여러 가지 책들 038 | 애국 계몽 운동에 앞장선 신문과 잡지 039 | 국채 보상 모금표 041 | '단지 동맹' 기념엽서 053 | 민족 대표 33인 067 | 만세 부르려고 나선 사람들 070 | 파리 평화 회의에 파견된 대표 073 | 미국에서 일어난 독립 시위 074 | 이화 학당 시절의 유관순 076 | 상하이 임시 정부 청사 077 | 봉오동 전투 현장 084 | 청산리 전투에 사용된 무기 086 | 청산리 전투 기록화 087 | 김좌진의 단장지통 비석 091 | 어린이날 표어 102 | 방정환 어록비 109 | 조선인 상황 조사 기록 121 | 강제 이주 기념비 122 |《한국통사》와 박은식–《한국통사》143 | 이봉창 155 | 의거 직후 150 | 백정기 151 | 윤봉길 유해의 귀국 156 | 광복군 성립 전례식 158 | 발행 정지당한〈동아일보〉167 | 신사 참배 189

매헌윤봉길의사기념관—윤봉길이 던진 폭탄 150

백범기념관—김구와 윤봉길 154 | 회의를 마치고 나오는 김구와 미국 OSS 책임자 도노번 159 | 38선을 넘는 김구 215 | 김구의 장례 220 | 백범일지 221

숙명여자고등학교—만세 운동 경력이 적힌 학적부 076

전태일기념사업회― 전태일의 진정서 250 | 전태일의 장례식 251

천도교중앙총부― 잡지 《어린이》 107

강성철― 신돌석이 태어난 집 034 | 신돌석 영정 036 | 탑골 공원 068 | 제암리 순국 기념관과 제암 교회 075 | 김좌진이 태어난 집 091 | 신채호가 태어난 집 134 | 신채호 무덤 140

노정임― 안중근의 빈 무덤 056 | 독립군 무명용사 위령탑 092 | 방정환 동상 103 | 삼의사 묘 156 | 4·19 기념탑 263

송영달 소장― 식민지 교육 022

장지영― 안중근 어록비, 안중근 동상 057 | 세계 어린이 운동 발상지 기념비 109 | 휴전선 227 | 전태일 동상 253

홍영의― 개성 공단의 새벽 283

삽화 ―――

박지훈― 강제로 맺은 을사조약 015 | 안중근이 쏜 총에 맞은 이토 히로부미 048 | 3·1 만세 운동 069 | 봉오동 전투 085 | 어린이날 시가행진 101 | 기차에 실려 강제 이주당하는 조선인들 120 | 만주의 고구려 유적을 답사하는 신채호 136 | 일본 천황에게 폭탄을 던지는 이봉창 148 | 달리는 손기정 164 | 평양 미림 비행장 학살 사건 180 | 38선을 넘기 전 연설하는 김구 214 | 봉제 공장에서 일하는 사람들 248 | 4·19 혁명 262 | 부산 아시안 게임 응원단 285

지도 ―――

유상현― 각지에서 일어난 의병 030 | 1920년대 초 만주와 연해주에서 활동한 독립군 부대 088 | 연해주에서 중앙아시아로 이주당한 길 123 | 임시 정부의 수립과 이동 157

* 도서출판 책과함께는 이 책에 실은 모든 도판과 자료의 출처와 저작권자를 찾아 허락을 받기 위해 최선을 다했습니다. 허가를 받지 못한 일부 도판은 저작권자가 확인되는 대로 사용 허가를 받고 통상의 사용료를 지불하겠습니다.

한국사 편지 5

1판 1쇄 2009년 6월 9일
1판 2쇄 2009년 6월 15일

글 | 박은봉
그림 | 삽화 박지훈, 캐릭터 우지현, 지도 유상현

펴낸이 | 류종필
편집 | 노정임, 윤정아
마케팅 | 김연일
경영관리 | 장지영

디자인 | 이석운, 김미연

펴낸곳 | 도서출판 책과함께
주소 | 서울시 마포구 서교동 373-5 동우빌딩 2층
전화 | 02-335-1984 팩스 | 02-335-1316
전자우편 | prpub@hanmail.net
블로그 | blog.naver.com/prpub
등록 | 2003년 4월 3일 제6-654호

이 책의 저작권은 지은이 박은봉과 도서출판 책과함께에 있습니다.
이 책의 내용을 이용하려면 저작권자와 출판사의 동의를 모두 받아야 합니다.

이 도서의 국립중앙도서관 출판시도서목록(CIP)은
e-CIP 홈페이지(http://www.ni.go.kr/ecip)에서 이용하실 수 있습니다. (CIP제어번호 : CIP2009001591)

ISBN 978-89-91221-48-2 74900
ISBN 978-89-91221-43-7(세트)